BERND IMGRUND

EINE KLEINE GESCHICHTE DER KNEIPE

BERND IMGRUND

EINE KLEINE GESCHICHTE DER KNEIPE

VOM FASZINIERENDEN TREIBEN RUND UM DEN TRESEN

riva

Bibliografische Information der Deutschen Nationalbibliothek:
Die Deutsche Nationalbibliothek verzeichnet diese Publikation in der Deutschen Nationalbibliografie; detaillierte bibliografische Daten sind im Internet über http://d-nb.de abrufbar.

Für Fragen und Anregungen:
info@rivaverlag.de

1. Auflage 2020

Nymphenburger Straße 86
D-80636 München
Tel.: 089 651285-0
Fax: 089 652096

Redaktion: Sebastian Brück, Düsseldorf
Umschlaggestaltung: Karina Braun, München
Umschlagabbildung: shutterstock.com/kArkade, shutterstock.com/Melok (auch Bildteil)
Satz: abavo GmbH, Buchloe
Druck: CPI books GmbH, Leck
Printed in Germany

ISBN Print 978-3-7423-1434-5
ISBN E-Book (PDF) 978-3-7453-1092-4
ISBN E-Book (EPUB, Mobi) 978-3-7453-1093-1

Weitere Informationen zum Verlag finden Sie unter

www.rivaverlag.de

Beachten Sie auch unsere weiteren Verlage unter www.m-vg.de

INHALT

VORWORT

Es war die bleierne Zeit der Corona-Krise, Frühjahr 2020. Etwa eine Woche nach dem Shutdown bekam ich Entzugserscheinungen. Sie blieben zunächst diffus, ich wusste nicht, was mir fehlte. Irgendwann schleppte ich den Hochtisch aus dem Keller, den wir sonst nur bei Gartenpartys einsetzen. Zusammen mit einem Barhocker platzierte ich ihn im Wohnzimmer. Bald schon saß ich dort lieber als auf dem Sofa. Und die Phantomschmerzen ließen nach …

Ich telefonierte mit meinem Kumpel Jürgen. Ihm ging es ähnlich, irgendein Scharnier seines Organismus schien schlecht geschmiert. Weil wir beide hin und wieder in unserer Stammkneipe kellnern, besitzen wir den Schlüssel. Also zogen wir eines Nachmittags los und betraten die verwaiste Schänke. Einer zapfte, einer saß am Tresen. Vertraute Situation. Draußen vor dem Fenster zog die Welt an uns vorüber. Was wir taten, war ein bisschen verboten, es war ein bisschen verwegen und hochgradig kindisch. Es war herrlich.

Mir wurde klar, dass es nicht der Alkohol war, den ich vermisst hatte (oder sagen wir: nicht primär). Trinken kann man schließlich überall, im Park zum Beispiel. Nein, der Entzug betraf stattdessen die Kneipe, diesen Raum, in dem man sich zum Trinken trifft. Sobald ich am Tresen saß, mich darüber beugte und die Ellbogen aufstützte, fühlte ich mich wohl.

Die Erkenntnis erstaunte mich. Offenbar besitzt ein Kneipenraum einen kulturellen, sozialen, gar medizinischen Mehrwert gegenüber anderen Orten der Zusammenkunft.

Ich versuchte zu ergründen, worin er bestand. Was macht diesen Ort aus? Welche magnetisch-magischen Kräfte ziehen Menschen seit Jahrtausenden in seinen Bann?

Der Kumpel und ich gingen noch einige weitere Male in unser Speakeasy. Der Zauber verflog nicht. Hm, dachte ich mir: Die Kneipe an sich! Müsste man mal ein Buch drüber schreiben …

WAS IST DAS EIGENTLICH, EINE KNEIPE?

Vielleicht fängt man besser andersherum an und fragt sich, was eine Kneipe nicht ist. Sie ist zum Beispiel kein Restaurant. In der Kneipe bekommt man eher eine Frikadelle als ein Frikassee und Schnaps statt Schampus. Kneipen sind auch keine Bars oder Clubs. Der raffinierteste Cocktail heißt hier Gedeck, und getanzt wird in der Wirtschaft recht selten. Aber wenn, dann auf den Tischen.

Oft erkennt man sie schon am Namen. Eine Kneipe heißt normalerweise nicht »Zum Roten Ochsen« oder »Großer Kurfürst«. Sondern eher »Hansa-Eck« oder »Bürgerstübchen«. Oder direkt: »Bei Ellie«. Etymologisch kommt Kneipe von »Kneipschänke«. Das Verb »kneipen«/»knipen« meinte einst so etwas wie »zusammendrücken«. Man entdeckt es noch in unserem heutigen »kneifen«. Die Österreicher sagen lieber Beisl, die Bayern Boazn, und wieder andere sprechen von Kretscham, Quetsche oder Stampe. Aber sie meinen alle das gleiche: diesen zum Kneifen engen Raum, in dem man zusammenrückt.

Umfragen zum Thema fördern wiederkehrende Merkmale zu Tage: Kneipen erkennt man äußerlich am Wirtshausschild, an der Leuchtreklame fürs Bier, den Bleiglasfenstern und dem Getränkekasten neben dem Eingang. Innen dominieren Brauntöne: Thekenschrank, Tresen, Hocker, Tische und Stühle bestehen zumeist ebenso aus Holz wie die Paneelen an den Wänden. Zur typischen Dekoration zählen Werbeschilder, historische Stiche und Stadtansichten, ausgediente Musikinstrumente, Werkzeuge und Wirtshausaccessoires – kurzum alles, was die Patina des Lokals verstärkt. Eine Fotopinnwand zeugt von vergangenen Festivitäten und betont das Familiäre ebenso wie das Sparkästchen, die Urlaubspostkarten der Stammgäste und die Pokale der Thekenmannschaft.

Nicht alle Requisiten stehen heutzutage noch hoch im Kurs. Butzenscheiben etwa werden zunehmend durch Klarglas ersetzt. Allmählich aussterbend auch: die Wand mit den Geldscheinen aus aller Welt. Aber ob der Wirt nun auf alten Nippes oder Purismus schwört: Am spannendsten ist stets die Wandlung, die der Kneipenraum durchmacht, sobald sich dort Gäste tummeln. Dann wird er nämlich von einem rein physikalischen zu einem sozialen Ort. Erst die Menschen machen die Kneipe zur Kneipe.

Ein Public House

Wesentlicher Zweck eines Kneipenbesuchs ist das gemeinsame Trinken. Mit Betonung auf »gemeinsam«! In der Kirche kommt man zusammen, um gemeinsam zu beten. Im Rathaus, um miteinander zu debattieren. Im Stadion, um unter Fans Fußball zu schauen. Und in der Kneipe, um mit den anderen dort einen zu heben. Der englische Ausdruck »Pub« bringt es auf den Punkt: Die Wirtschaft ist ein Public House, ein Ort für alle.

Kneipen reizen die Sinne auf ihre ganz eigene Art. Denken wir an das Licht: gelblich, warm, lieber ein wenig schummrig als zu hell. Im Kneipenlicht schwimmt man mehr, als dass man geht. Oder die Gerüche: das alte Holz, ein feuchter Bierfilz, die Hefe aus dem Weizenglas nebenan; ein offener Senftopf, die Zwiebeln auf dem Mettbrötchen, ein

Kümmelschnaps; oder auch: die Spülbürste, regennasse Kleider, rauchgeschwängerte Vorhänge – klar, in Kneipen riecht es nicht wie im Drogeriemarkt.

Aber dafür kann der Griff an ein frisch gefülltes, feucht beschlagenes Glas ein haptischer Genuss sein. Ebenso das Streichen über den uralten, welligen Thekenbelag oder die kalt-glatte, verchromte Zapfanlage. Und wie die Augen, so trinken auch die Ohren mit. Kneipen belebt eine spezifische Geräuschkulisse. Dazu gehört das Klirren von Gläsern genauso wie das Ploppen eines Kronkorkens, das Rollen der Würfel, die Serie im Spielautomaten, das Klackern der Kickerbälle und Flipperkugeln. Aber vor allem: das Reden, Lachen und Singen der Gäste. Nirgendwo wird so viel palavert wie in der Kneipe.

Das liegt unter anderem daran, dass das Wirtshaus größere Freiheiten offeriert als der Alltag. Zwar herrschen auch dort ungeschriebene Gesetze, es gibt Tabus, an denen man besser nicht kratzt. Aber der Kneipenkosmos bietet eine gewisse Sicherheit vor dem Einbruch der Realität ins Gesagte. »Die tausend Straßen von Romantik und Abenteuer liefen in der Kneipe zusammen und führten von dort über die ganze Erde«, schrieb Jack London (1876–1916) in *König Alkohol*. Der Alkohol lockert die Zungen und öffnet die Herzen – bis zu einem gewissen Punkt jedenfalls, ab dem er erstere lähmt und zweitere verhärmt. Und der beginnende Rausch beflügelt zudem die Fantasie. Kneipengespräche können Utopien entwickeln, die im Alltag keiner noch so laxen Prüfung standhielten. »Das müssen wir unbedingt demnächst mal machen …« – nirgends hört man den Satz häufiger als beim Bier. Dass von den hochfliegenden Plänen am nächsten Morgen nichts mehr übrig sein wird – geschenkt! Ist doch ohnehin niemand davon ausgegangen.

Kneipenensemble statt Kneipenpublikum

Ebenfalls dem magischen Ort geschuldet: die Nivellierung der Meinungen. »Kneipengespräche leben zu einem guten Teil von einem kollektivspontanen Situationskonsens«, schreibt der Schweizer Volkskundler Ueli Gyr. In der Kneipenrunde ist man sich lieber einig, anstatt zu streiten – wiederum in Abhängigkeit von der Menge des Konsumierten. Der Augenkontakt, das Kopfnicken, die Zustimmung per Schulterklaps gehören zum Ritualschatz der Kneipengestik. Sie schließen allerdings keineswegs aus, dass der Nachredner dann das komplette Gegenteil behauptet …

Viel lieber als gegeneinander wendet man sich gegen andere, am besten gegen »die da oben«. Frotzelei, Spott und humorige Häme schweißen zusammen. Die Laune steigt, man lacht sich einen, oha, ich wollte doch gehen, aber Quatsch, hab′ dich nicht so, ich bestell noch ein Ründchen … Und weiter geht′s.

Auch in der Kneipe existieren Hackordnungen. Es gibt den Aufschneider, der sich für den Größten hält; den Klugscheißer, der zu allem eine Meinung und sowieso immer recht hat; den Krakeeler, den Dampfplauderer und den Witzbold, der sich seine Stellung übers Clowneske erarbeitet. Denen gegenüber stehen die Stillen, die Bedachten und die Schüchternen, die es nicht nur in der Kneipe schwerer haben, zu Wort zu kommen. Aber auch der schweigende Trinker ganz hinten am Tresen nimmt Einfluss auf die Atmosphäre.

Einen bedeutenden Unterschied zwischen Kneipenbesuch und sonstigen Freizeitaktivitäten haben die Soziologen Franz Dröge und Thomas Krämer-Badoni herausgearbeitet. Nirgendwo sei man mehr Subjekt als im Wirtshaus, heißt es in ihrer Studie *Die Kneipe. Zur Soziologie einer Kulturform*: Ins Museum, Kino und Theater begibt man sich hingegen lediglich als Beobachter. Man bekommt etwas vorgesetzt, auf das man keinen Einfluss hat, und lässt es auf sich wirken. Jeder sitzt für sich allein, Interaktion ist nicht vorgesehen – wer in der Oper tuschelt, erntet erzürnte »Psts!«. Besonders deutlich wird die Passivität der Zuschauerrolle vor dem Fernseher, der im Gegensatz zur Live-Situation nicht einmal spontane Äußerungen (Szenenapplaus) in den Ablauf integriert. Nicht viel anders ist es aber auch im Fußballstadion, obwohl der Fan durch seine Gesänge und Anfeuerung eine gewisse Aktivität entwickelt. Aber spielen tun die da unten auf dem Rasen.

Die Rolle des Kneipengastes ist demgegenüber eine aktive, teilnehmende. Im Wirtshaus bringt man sich als prinzipiell gleichberechtigter Akteur ein. Man steht sozusagen selbst auf der Bühne beziehungsweise auf dem Platz. Tatsächlich verhalten sich manche Gäste im Schankraum ja auch recht theatralisch (Selbstdarsteller), andere ausgesprochen sportlich (Einarmiges Drücken!). Weil es kein festes Drehbuch gibt, entsteht im Kneipentheater jeden Tag ein anderes Stück. Die Darsteller agieren freihändig, improvisierend. Deshalb ist es gemäß Dröge und Krämer-Badoni auch falsch, von einem »Kneipenpublikum« zu sprechen. Richtiger wäre wohl: Kneipenensemble.

»Alkoholiker, Heimatlose und Gestörte«

Sehen wir uns die üblichen Vorurteile an. Ueli Gyr zählt sie auf: »Die Kneipe zieht demnach insbesondere Angehörige von sozialen Unterschichten oder Subkulturen an, darunter Alkoholiker, Heimatlose, unverheiratete Erwachsene, Vereinsamte, Randseiter und Gestörte.« Dieser Raum voller »Lärm, Gestank und Schmutz« diene einzig dazu, »Existenzängste, Alltagsfrust, Sorgen und Probleme im Schutz der Kneipengesellschaft wirksam und regelmäßig wegzuspülen.«

Nun ja, so kann man das sehen. Aber man könnte auch erwidern, dass Alkohol den Menschen entspannter, witziger, aufnahmebereiter und toleranter macht. Richtig ist, dass man in der Kneipe nicht nichts trinken kann. Und dass die Getränke dort in der Regel Alkohol enthalten. Der Konsum von Flüssigem definiere die Schänke sozial und ökonomisch, schreiben Dröge und Krämer-Badoni, aber zwischen dem Konsum von Alkohol um seiner selbst willen und dem in der Kneipe bestehe ein Unterschied wie Tag und Nacht. »Lass uns einen trinken gehen« – der Spruch hat wenig mit Alkohol zu tun, meint er doch eigentlich: »Lass uns Zeit miteinander verbringen, lass uns miteinander reden und unsere Freundschaft feiern.« Warum sonst trinken wir in der Schänke statt zuhause?! Der Heimzecher spart Geld, den Hin- und den Rückweg, er kann sich anziehen und benehmen wie´s beliebt und jederzeit ins Bett sinken, wenn die Stimmung umschlägt. Aber darum geht es eben nicht. Kein Küchentisch und keine Kellerbar können den Zauber einer echten Kneipe entfalten.

Jack London schwärmt von der Taverne als dieser »herrlichen Stätte«, in der man auch als Fremder immer weiß, was einen erwartet. Für seinen englischen Kollegen Samuel Johnson ist »der Kneipenhocker der Thron menschlicher Glückseligkeit.« Sobald er ein Wirtshaus betrete, sei er »aller Sorgen ledig. Man versorgt mich mit Wein, der meine Sinne beschwingt und die Gespräche mit den Freunden trägt.« Und daraus folgt sein Schluss: »Nichts hat der Mensch geschaffen, das so viel Freude beschert wie eine gute Kneipe.«

Auch diese Jungs müssen ihre Gründe haben, so etwas zu sagen. Und ich kenne sogar mindestens einen, der ihnen Recht gibt.

1. TEIL:

KNEIPEN VON DER ANTIKE BIS HEUTE – EINE ZEITREISE

Symposion und Sumbel – Die Antike

Vom Garten Eden zum Biergarten

Die erste Kneipe lag im Schatten eines Apfelbaums. Jeden Abend nach der schweren Feldarbeit kamen Adam und Eva dort zusammen, um vom Fallobst zu naschen. Gott, der Herr, hatte sie aus dem Paradies vertrieben. Allerdings irren sämtliche biblischen Darstellungen in einem Punkt: Es war kein frischer Apfel, der zum Sündenfall wurde. Sondern ein wurmstichiger vom Boden des Garten Eden.

Der Apfel hatte sie das Himmelreich gekostet, also schufen sie sich einen Himmel auf Erden: Sie pflanzten einen Apfelbaum, um sich an seinen Früchten im Sinne des Wortes zu berauschen. Je fauliger der Apfel, desto besser. Denn dann zeitigte er jene seltsame Wirkung, die der gestrenge Herrgott unter allen Umständen hatte unterdrücken wollen. Adam und Eva wurde es so leicht ums Herz, dass sie sich zu herzen begannen. Vom Garten Eden in den Garten der Lüste: Im Rausch des Apfelmosts »erkannten sie sich«, wie es in der Bibel so schön heißt.

Zugegeben, die Schöpfungsgeschichte wurde soeben ein wenig umgeschrieben. Aber so ganz abwegig ist es nicht, den Rausch mit dem Sündenfall zu koppeln. Denn Alkohol spielte eine bedeutende Rolle bei der Entstehung des Lebens und der Entwicklung der Menschheit, da sind sich die Wissenschaftler weitgehend einig. Schon die Ursuppe enthielt Methan (von altgriechisch *méthy* = berauschendes Getränk).

Die ersten Einzeller, Beginn allen Lebens, entstanden in einer Blase aus Faulgasen und Alkohol. Und offenbar gefiel ihnen diese Umgebung so gut, dass sie sich darin fröhlich zweiteilten. Und vierteilten. Und so weiter, mit den bekannten Ergebnissen: Fische, Amphibien, Säugetiere.

Aus Letzteren entwickelte sich irgendwann der Mensch. Das rund 4000 Jahre alte Gilgamesch-Epos knüpft die entscheidende Transformation an den Genuss von Alkohol. Gilgameschs Freund Enkidu vegetierte zunächst als animalisches Steppenwesen durchs Zweistromland. »Er weiß nicht, wie man Brot isst; er versteht nicht, Bier zu trinken«, heißt es in der Schrift. Dann jedoch sandte Gilgamesch ihm eine Frau, und die Verwandlung begann: »Enkidu aß das Brot, trank das Bier, sieben Krüge voll. Sein Herz frohlockte. Er wusch sich den zottigen Bart, salbte sich mit Öl – und ward ein Mensch!«

Evolutionsbiologen bringen die Menschwerdung eher mit der Bipedie, dem aufrechten Gang in Verbindung. Entscheidend sei der Wechsel der Affen von den Bäumen auf den Boden gewesen. Die afrikanischen Wälder seien während einer Trockenzeit verdorrt, demzufolge seien die Tiere gezwungen gewesen, zur Nahrungsaufnahme herabzusteigen. Dort auf Erden hätten sie das Gehen auf zwei Beinen und bald darauf auch ein größeres Gehirn entwickelt, das dazu berechtigt, sie als Menschen zu bezeichnen.

Aber auch unter diesen Wissenschaftlern gibt es ... nennen wir sie »Alkohologen«. Ihre Argumentation lehnt sich eher an die biblische Geschichte in ihrer oben beschriebenen Fassung an. Demnach hatten Orang und Utan dasselbe Ziel wie Adam und Eva: vergorene Früchte, die zur Erde gefallen waren. Ihr hochsensibler Geruchssinn befähigte sie dazu, diese »Boden-Schätze« zu wittern. Und ihr elaboriertes Belohnungszentrum im Gehirn schickte Glückshormone aus. Die Affenbande merkte: Dieses Zeug macht lustig! So ein ethanolhaltiger Obstsalat vertreibt zudem die Angst – soll er doch kommen, der Säbelzahntiger! Und Orang sprach zu Utan: »Vielleicht sollte man direkt hier unten am Quell der Freude bleiben. Wenn wir aufrecht gehen, erspähen wir die Feinde früh genug. Und wenn wir müde sind, beschwipst vom Zaubertrank, betten wir uns bequem auf Mutter Erde statt in eine piksende Astgabel.«

So könnte es gewesen sein. Und da käme man auch direkt der Kneipe auf die Spur. Denn gemeinsam zu trinken macht nicht nur mehr Spaß, sondern ist auch sicherer. Allein mit dem Vergorenen gehört man zu den Verlorenen: Ein betrunkener Hominide ist eine leichte Beute. Also trinkt man am besten im Verbund und stellt ein paar Wachen auf – *vulgo* »Wirte«. Und während Adam und Eva noch im offenen Biergarten dem Laster frönten, errichteten ihre Nachfahren ein paar Wände, installierten eine Theke und nannten das Ganze »Zum Wilden Mammut«. Oder so ähnlich.

DAS BLUT CHRISTI

In der Bibel wird keine einzige Kneipe erwähnt. Aber als auf der Hochzeit zu Kanaa der Wein ausging, vollbrachte Jesus sein erstes Wunder und verwandelte Wasser in Rebensaft. Gemeinsames Trinken als verbindende Urszene: Der Wein als das »Blut Christi« gehört zur zentralen Zeremonie des christlichen Gottesdienstes.

Der Alkohol als sozialer Leim, die Kneipe als sein Ort: So war es von Anbeginn an. Auch die Sesshaftigkeit hängt womöglich mit dem Alkohol zusammen. Die Frühmenschen merkten, dass sie mit Bier besser fuhren, sprich: gesünder lebten als mit Wasser. Bier und Wein sind haltbarer als das Wasser im Tonkrug. Das Kochen beziehungsweise der Gärprozess tötet Keime ab, die Sippe leidet nicht alle naslang unter Durchfall. Grundnahrungsmittel und Medizin zugleich – ein tolles Zeug! Aber zu seiner Herstellung benötigte man verschiedene Hilfsmittel, die nicht so leicht zu transportieren waren. Einen möglichst großen Gärbottich zum Beispiel. Und Zeit kostete das auch, Tage, die man an einem Ort verbringen musste. Die ersten Brauer mögen sich ihren Emmer oder die wilde Gerste auf einer Lichtung im Wald gepflückt haben, um sie im nächsten Lager zu verarbeiten. Aber irgendwann vor rund 12 000 Jahren begann man, ökonomischer zu denken: Wie wäre es, wenn wir dieses Getreide selbst anpflanzten und direkt daneben wohnen blieben?, mag sich die steinzeitliche Brauerin (denn Brauen ist weiblich, dazu später mehr) gedacht haben. Um dann fortzufahren: Dann könnten wir viel größere Vorräte anlegen als bisher. Wir könnten Bier brauen und Brot backen und in Ruhe diese ganzen Viecher großziehen, denen die Männer mühselig mit ihren Speeren und Knüppeln hinterherjagen. Lasst uns ein Dorf gründen!

Und so wurden aus Jägern Viehzüchter, aus streunenden Sammlern sesshafte Bauern.

Natürlich kann es auch andersherum gewesen sein. Die Menschen wurden sesshaft, um sich künftig von ihrer Ernte (Getreide, Gemüse, Obst, Fleisch) zu ernähren. Erst der Überschuss an Getreide hätte dann auch das Bier – oder was immer damals gebraut wurde – populärer gemacht. Aber sei´s drum. Mit der Sesshaftigkeit begann die Einrichtung von Kultstätten. Und diese wiederum dürfen uns als die ersten Kneipen gelten.

Der Bierfluss im Zweistromland

Auf alten Dorfplätzen liegen sie bis heute nebeneinander: die Kirche und die Kneipe. In grauer Vorzeit waren sie sogar eins. Die Kirche war die Kultstätte, in der Alkohol getrunken wurde. Die Verbindung von Rausch und Religion ist vermutlich so alt wie die Menschheit selbst. In den 1990ern gerieten die Grabungen in Göbekli Tepe in den Fokus der Gastro-Historiker. Genutzt wurden die Anlagen im Südosten Anatoliens ab dem 10. vorchristlichen Jahrtausend, um 7000 vor Christus gab man sie aus unbekannten Gründen auf. Unter anderem legten die Archäologen dort einige große, steinerne Gefäße frei, in denen man eine ganz besondere Ablagerung fand: Oxalat, auch Bierstein genannt. Wurde hier also gebraut? Experten des Forschungszentrums Weihenstephan der TU München bestätigten, dass dies möglich sei. Unter günstigen Bedingungen könne es reichen, keimendes Korn und ein paar Brotreste in Wasser zu geben und dem Einfluss der Sonne auszusetzen, um ein schwaches Bier zu erhalten. Die Rede vom Bier als »flüssigem Brot« hat hier womöglich ihren Anfang genommen.

Die Wissenschaftler sind sich zugleich einig, dass Göbekli Tepe nicht permanent besiedelt wurde. Eher handelte es sich wohl um eine religiöse Ritualstätte, die man zu bestimmten Anlässen aufsuchte. Die Kneipentempel/Tempelkneipen von Göbekli Tepe ähnelten damit eher Wallfahrtsorten als Dorfgaststätten. Hier trank man nicht das alltägliche Feierabendbier, sondern die gelegentliche Klostermaß. Dass frühantike

Feste einen massiv orgiastischen Charakter hatten, legen Berichte über die altägyptischen Feierlichkeiten zu Ehren der Göttin Hathor nahe. Sie galt als Herrin der Liebe und des Friedens, aber auch als Schutzheilige der Trunkenheit. Wenn alljährlich der Nil anschwoll und die Felder wässerte, traf man sich im Hathor-Tempel zu einem wilden, tagelangen Gelage. Man solle »trinken, essen und vögeln«, beteten die Priester vor. Die ägyptische »Wiesn« stand dem bayrischen Oktoberfest vermutlich in nichts nach. Und auch damals wird es sicherlich schon den ein oder anderen Besucher gegeben haben, dem der religiöse Anlass herzlich egal war. Der also vor allem zum Picheln nach Göbekli Tepe, Theben oder anderswo pilgerte.

BRAUEN FÜR DIE GÖTTIN

In der altägyptischen Mythologie steht die Liebes-, Todes- und Muttergöttin Hathor ganz weit oben. Eines Tages wurde sie außerordentlich wütend und drohte, das Menschengeschlecht zu vernichten. Um dies zu verhindern, füllte man sie mit blutrotem Bier ab und hielt sie in der Folge auf Pegel. Bier für die Göttin Hathor zu brauen war unter den alten Ägyptern eine beliebte Ausrede, um nicht zur Arbeit zu gehen.

Richtige Wirtshäuser statt Kirchen konnten die Sumerer besuchen. Die erste bekannte Hochkultur, angesiedelt im Zweistromland zwischen Euphrat und Tigris, scheint Kneipe und Kult bereits voneinander getrennt zu haben. Dafür spricht unter anderem, dass es Priesterinnen laut dem Codex Hammurabi strengstens verboten war, Gastwirtschaften aufzusuchen. Erwischte man sie dort, endete ihr Leben auf dem Scheiterhaufen.

Spätestens ab dem 4. Jahrtausend vor Christus gehörte Bier zum Alltag der Sumerer. Sie brauten helles, rot-braunes und schwarzes Bier, schwaches und stärkeres. Es wurde mit Honig gesüßt, mit Gewürzen wie Zimt oder Ingwer versetzt oder auch mit Wein gemischt. Bier entwickelte sich zum Volksgetränk und Zahlungsmittel, fungierte als Arznei und Opfergabe. Kein Wunder, dass ein so bedeutender Trunk alsbald auch Eingang in die Gesetzestexte fand. König Hammurabi regierte von 1792 bis 1750 vor Christus, vier der insgesamt 282 Paragrafen seines Codex beschäftigen sich mit dem Bierausschank. Unter anderem wird bestimmt, dass dieses Lebensmittel jedem Untertanen in gewissen Mengen zusteht. Ein normaler Arbeiter solle 2 Liter pro Tag erhalten, Beamte drei und Oberpriester gar fünf. Auch Frauen kamen nicht zu kurz, den Tempel- und Hofdamen standen täglich 3 Liter Sud zu. Während ihre männlichen Kollegen mit Vollbier versorgt wurden, zogen die Frauen allerdings süßliches Emmerbier vor, schreibt Maurice Hofmann in *5000 Jahre Bier*.

Paläste und Tempelpriester unterhielten ebenso eigene Braustätten wie Privathaushalte. Ebenso wie in späteren Kulturen war das Brauen bei den Sumerern vor allem Frauensache, und dementsprechend waren die ersten Wirte weiblich. Auch sie unterlagen strengen Vorschriften. Betrog eine Wirtin bei der Bezahlung, sah das Gesetz vor, sie mit ihrem eigenen Gebräu abzufüllen, bis sie daran erstickte. Vorsicht war ebenso für die Kneipengäste geboten: Schwang jemand im Suff staatsgefährdende Reden, drohte die Todesstrafe – schon damals waren Stammtischparolen den Mächtigen ein Dorn im Auge. Zumindest in einer Hinsicht müssen wir Heutigen dem gestrengen Hammurabi allerdings dankbar sein für sein erbarmungsloses Rechtswerk: Weil auch das Panschen verboten war, verbesserte sich die Qualität des babylonischen Bieres stetig. Hammurabi hatte Standards festgelegt, an denen nicht gerüttelt werden durfte – ganz analog zum dreieinhalb Jahrtausende jüngeren Deutschen Reinheitsgebot (1516).

Im Gilgamesch-Epos wird die Göttin Ninkasi als Erfinderin des Bieres und Mutter aller Wirtinnen vorgestellt. Als der Held schlussendlich ihre Kneipe besucht, ist er niedergeschlagen. Er hat erkennen müssen, dass er nicht unsterblich ist. Aber die Wirtin spendet ihm Trost: »Fülle deinen Magen und erquicke dich«, gibt sie ihm mit auf den Weg, »tanze und spiele bei Tag und bei Nacht. Nur das ist die Bestimmung des Menschen.«

Wahrlich ein weiser Ratschlag! Und ganz nebenbei erfüllt Ninkasi damit einige bis heute wirtspezifische Aufgaben: auf die Gäste einzugehen, sich ihre Sorgen anzuhören und sie notfalls aufzumuntern.

TRINKEN MIT STROHHALM

Die Dekoration einer über 5000 Jahre alten Amphore gilt als die bislang älteste Darstellung von Biertrinkern überhaupt. Sie zeigt zwei Männer, die sich mit langen Halmen aus einem Krug laben. Saugrohre waren noch lange danach üblich. Sie durchdrangen die Ablagerungen auf der Oberfläche, und weil das Behältnis nicht bewegt werden musste, blieb auch der Bodensatz ruhig. Schon für die babylonische Zeit (ab dem 2. Jahrtausend vor Christus) sind Halme aus Bein oder Bronze nachgewiesen, deren unterer Einlass sieb-

artig perforiert war. Auf diese Art hielt man sich auch die in der Flüssigkeit wabernden Schwebstoffe vom Leib.

Die Griechen und »Das Blut der Erde«

Eine Folge der Sesshaftigkeit war der Handel. Die Siedler unten am Meer hatten Fische und Muscheln zu bieten, die Siedler im Wald Pilze und Kräuter. Kaum niedergelassen, waren die Menschen schon wieder unterwegs. Diesmal nicht als permanente Nomaden, sondern als Handlungsreisende.

Damit sie ihre Zeit nicht wieder mit der Jagd nach Essbarem oder der Suche nach einem trockenen Schlafplatz vergeudeten, benötigten sie Unterkünfte. So entwickelte sich bereits im dritten vorchristlichen Jahrtausend eine erste Form organisierter Gastronomie. Entlang der Hauptverkehrswege entstanden primitive Herbergen. Die antiken Autobahnraststätten boten Speise, Trank und eine Bettstatt. Und statt Benzin für das Auto gab es Stroh für die Last- und Reittiere der Reisenden.

Die Hochkulturen wanderten allmählich nach Nordwesten: vom Persischen Golf über Ägypten und Griechenland nach Rom. Von assyrischen Händlern ist bekannt, dass sie ihr »Lagerbier« bis zu 1000 Kilometer weit nach Ägypten exportierten. Mit den Ägyptern kam das Bier dann auch zu den Griechen, aber die Reaktion war reserviert. Bier galt in Athen als prollig. Äschylos, der Dichter, bezeichnete die Ägypter spöttisch als »Leute, die Met aus Getreide trinken«. Wer in Athen etwas auf sich hielt, trank keinen Gersten-, sondern Rebensaft – das »Blut der Erde«, wie Udo Jürgens einst sang. Und zwar am besten solches aus Lesbos, wo nach allgemeiner Auffassung die süßesten Trauben gediehen.

Die Präferenz erstaunt insofern, als einer ihrer größten Denker den Griechen eher zum Bier riet als zum Wein. Laut Aristoteles besitzt »Bier die Eigentümlichkeit, den Menschen, der zu viel davon getrunken hat, nach rückwärts fallen zu lassen, während allzu reichlicher Weingenuss ein Niederstürzen nach allen Seiten verursacht.« Zugegeben, der Satz klingt ein wenig wirr, mehr nach Metaxa als Syntax. Aber wenn man ihn ein Weilchen wirken lässt, scheint da Folgendes zu stehen: Im Bierrausch fällst du unweigerlich auf den Hinterkopf, davor kann man sich schützen. Maßloser Weingenuss hingegen macht dein Stürzen unvorhersehbar, schlimmstenfalls landest du frontal auf der Nase und siehst nie mehr aus wie zuvor.

Dann doch lieber Bier, oder?

»BIERBÄUCHE UND SCHMERLÜMMEL«

Vorbehalte gegen den Gerstensaft blieben nicht auf die Antike beschränkt, wie dieses Zitat des erklärten Weinliebhabers Johann Wolfgang von Goethe belegt: »Das Bier macht das Blut dick und verstärkt zugleich die Berauschung durch den narkotischen Tabaksdampf. So werden die Nerven abgestumpft und das Blut bis zur Stockung verdickt. Wenn es so weitergehen sollte, wie es den Anschein hat, so wird man nach zwei oder drei Menschenaltern schon sehen, was diese Bierbäuche und Schmerlümmel aus Deutschland gemacht haben.«

Mögen sie auch den Wein bevorzugt haben, so waren die Griechen doch offen für Experimente. Ihren Wein verdünnten sie mit heißem Wasser, eine Tradition, die auf deutschen Weihnachtsmärkten bis heute unter dem Label »Glühwein« fortlebt. Auf Kreta wiederum sollen findige Barmänner Wein, Met und Bier vermischt haben – der vielleicht erste Cocktail der Menschheitsgeschichte. Zu gehobenen Anlässen wie der Olympiade schließlich wurde ein bierähnliches Getränk aus Poltos (lateinisch *polenta*) gewonnen. Der flüssige Gerstenbrei sollte die Akkus der Athleten aufladen. Das »Mark der Männer«, wie er auch genannt wurde, bildet somit den Prototyp aller Fitnessgetränke. Kredenzt wurde er sicherlich auch im Leonidaion, dem größten Gebäudekomplex des antiken Olympia. Das Hotel und Wirtshaus entstand um 350 vor Christus und war dem Göttervater Zeus geweiht. Bis heute erhalten haben sich die Thermen der noblen Wellnessanlage. Dort konnte man das Mark der Männer dann wieder ausschwitzen.

Wirtshäuser fanden sich nicht nur an Feststätten wie Olympia oder entlang der antiken Handelswege. Öffentlich getrunken wurde auch in den Metropolen – in Zivil und ohne jeden Anlass. In den Schankstuben Athens konnte der Kunde Wein für zuhause erstehen oder auch direkt vor Ort am steinernen Tresen trinken. Hohes Ansehen genossen die Wirtshäuser und ihre Betreiber allerdings nicht. Beamte hatten sie zu meiden – oder durften sich zumindest nicht erwischen lassen. Freien Athenern war es verboten, Gastwirt zu werden oder eine Wirtin zu heiraten. Auch in der *Politeia*, Platons Entwurf einer idealen Gesellschaft, kommen die Wirte schlecht weg. Nach Ansicht des Philosophen durften diesen unwürdigen Beruf nur Metöken (freie Fremde ohne athenisches Bürgerrecht) und Ausländer ausüben.

Dem Ruf entsprechend fand man die Namen von Gastwirten auffallend häufig auf sogenannten Fluchtafeln. Der im antiken Griechenland beliebte Brauch bestand darin, Verwünschungen in ein Bleitäfelchen zu ritzen. Damit sollte erlittenes Unrecht gerächt werden, ohne selbst tätig werden zu müssen. Denn die Ausführung überantwortete man den Göttern. Wirte, die ihre Gäste übers Ohr hauen: Man kennt das. Schon damals wird es jene Kneipiers gegeben haben, die ihre Striche heimlich mit der Gabel machten.

KNEIPEN, FLÜCHE, ABERGLAUBE

Auch die Babylonier hatten ein ambivalentes Verhältnis zur Kneipe. Der Altorientalist Volkert Haas berichtet von einem Ritual, das auf den unheiligen Geschlechtsverkehr eines Mannes mit seiner Ziege zurückgeht. Nach dem Akt regte sich sein Gewissen, aber dem Mann konnte von berufener Seite geholfen werden: Indem er ein Stück Ziegenfell in ein Leinentuch band und ins »Tor des Schankwirts« warf, war die Sache erledigt.
Die Kneipe als Ablassraum, in dem man seiner Sünden ledig wird – welch eine reizvolle Aussicht! Danach konnte jener Bauer dann wohl – mit oder ohne seine Ziege – unbeschwert einen heben gehen.

Römische Kneipenbummel

In römischen Gefilden differenzierte sich das Gastrowesen weiter aus. Den Reisenden des Riesenreiches erwarteten alle 15 Kilometer kleinere Raststätten mit Imbiss und Wechselpferden (*mutationes*). Etwa alle 40 Kilometer, also im Abstand einer Tagesetappe, waren *mansiones* eingerichtet. Dort konnte man essen, baden, übernachten und seine Ausrüstung auffrischen oder reparieren lassen.

In den Städten hingegen lagen die Gastwirtschaften deutlich dichter beieinander. Kneipen fanden sich an jeder Ecke und auch dazwischen. Wer wollte, konnte sich zu regelrechten Kneipenbummeln verabreden. Verschiedene Bezeichnungen kursierten: *gurgustium*, *ganea*, *caupona*, *popina*, *thermopolium* oder auch *taberna vinaria*. Sie exakt voneinander zu trennen, ist nicht möglich. Auch bei den Römern waren die Grenzen zwischen Kaschemmen und Spelunken, Boazn und Pinten, Fast-Food-Läden, Gasthöfen und Hotelrestaurants fließend.

Besonders gut dokumentiert ist das Kneipenwesen für die untergegangene Stadt Pompeji. Im Spätsommer 79 war der Vesuv ausgebrochen, hatte den Ort unter Lava und Asche begraben und rund 2000 Menschen getötet. Als man ab dem 18. Jahrhundert den Vulkanauswurf entfernte, bot sich ein Bild des Schreckens. Zugleich jedoch liefert dieser Ort des Todes eine einzigartige Momentaufnahme vom Leben in einer antiken Metropole. Die Restaurierungsarbeiten haben auch die Weingeister der Geisterstadt wiederbelebt.

In Pompeji existierten, je nach Rechnung, zwischen 158 und 225 gastronomische Betriebe. Im Angebot standen regionale und sicher auch importierte Weine verschiedener Provenienz. *Cerevisia*, also Bier, dürfte eher die Ausnahme gewesen sein. Wie in allen Kneipen spielte sich das Leben hauptsächlich am Tresen ab. In seine steinerne Platte waren sogenannte *dolia* eingelassen, Tongefäße für heißes Wasser oder auch für Speisen. Zubereitet wurden Letztere auf einem Herd mit Rauchabzug. Jenseits dessen jedoch war nicht viel Platz. Gemauerte Bänkchen oder Holzhocker waren in den schlichten *tabernae* die Ausnahme, wenn überhaupt lagen

Bastmatten aus. Nur ein einzelner pompejanischer Befund lässt auf einen rückwärtigen Biergarten schließen. Die meisten Gäste dürften ihren Bohneneintopf also im Stehen oder to go eingenommen haben. Aber auch die Lieferung frei Haus ist bezeugt – Pizzaservice & Co. lassen grüßen.

Wie eine pompejanische Kneipe aufgebaut war, lässt sich an der Caupona der Asellina studieren. Als man das Lokal 1911 freilegte, staunten die Archäologen nicht schlecht: Es war beinahe vollständig erhalten. In einem durch die Vulkanasche luftdicht verschlossenen Bronzekessel schwappte sogar noch das Wasser, das man fast zwei Jahrtausende zuvor eingefüllt hatte.

Asellinas Schänke lag günstig: Die Via dell'Abbondanza verband den Hafen mit dem Forum und einer der großen Thermen Pompejis. Für Laufkundschaft war also gesorgt. Das Zentrum des Lokals bildete ein L-förmiger Tresen – typisch für die Kneipen des antiken römischen Reiches. Stufige Regale, häufig wie der Tresen aus Marmor gearbeitet, boten Platz für Schüsseln und Krüge. In einem Tongefäß der Asellina fand man über 1600 Münzen mit einem Gesamtgewicht von gut drei Kilogramm.

Ihr Name mag übersetzt »Eselchen« lauten, aber dumm war sie offenbar nicht, diese Herbergsmutter. Und ihr antiker Schnellimbiss hatte mehr zu bieten als Wein und kleine Gerichte. Hinten durch führte eine Treppe in den ersten Stock. Vermutlich konnten die Gäste dort sowohl nächtigen als auch mit Prostituierten verkehren. Wer damit gemeint war, lehrt die Hausfassade. Dort werden Zmyrina, Aegle und Maria vorgestellt. Ihre Namen weisen sie als Türkin, Griechin und Jüdin aus. Wahrscheinlich waren sie als Sklavinnen nach Pompeji gekommen und mussten die männlichen Gäste unten als Kellnerinnen und oben als Huren bedienen. Ihre unterschiedliche Herkunft dürfte Wirtin Asellina durchaus gefallen haben. Auswahl belebt »das Geschäft«, und Reisende, von denen es in Pompeji genug gab, konnten in ihrer Landessprache kommunizieren. Um den Kneipen- beziehungsweise Bordellbetrieb auch nachts aufrechtzuerhalten, entzündete Asellina des Abends eine Bronzelampe. Sie war mit Glöckchen, einem Pygmäen und zwei Phalli verziert.

Damit ihr Sündenpfuhl nicht den Mächten des Bösen verfiel, stand hinter dem Tresen ein kleiner Schrein (ein *lararium*). Korinthische Stucksäulen erinnern an einen Tempel en miniature. Gehuldigt wurde hier dem Mercurius und – wenig überraschend – Dionysos, dem Gott des Weines und der Ausschweifung. Aber Asellina und ihre Mädels betrieben von der Kneipe aus auch Politik. Mit einem professionell gemalten Spruch an der Hausfassade fordern die *Asellinae*, wie sich die Belegschaft als Ganzes nannte, dazu auf, Gaius Lollius Fuscus zum Duovirn zu wählen. Duoviri (»Zweimänner«) fungierten als eine Art bürgermeisterliche Doppelspitze. Die Asellinae priesen Lollius in ihrer Wahlwerbung als Mann, der sich »um die Straßen sowie um die heiligen und öffentlichen Gebäude« kümmern werde. Dies zu beweisen verhinderte der Vesuv.

»STERBEN SOLL, WER DAS LEBEN ZU STRENG NIMMT!«

In der Copa, *einem Gedicht des Pseudo-Vergil, umgarnt die lüstern-betrunkene Wirtin Surisca einen müden Eseltreiber. Mit bukolischen und erotischen Verheißungen lockt sie ihn in ihre Kneipe: »Fremder, was schlurfst du erschöpft durch den heißen Sand, statt auf ein Gläschen einzukehren. Ich halte Fässer und Krüge vor, Saiten und Flöten. Also komm schon, ruhe aus unterm Dach aus Weinlaub! Lege dir einen Zopf aus Rosen um deinen müden Kopf, während du dich dem Mund eines liebreizenden Mädchens entgegenbeugst. Ach, sterben soll, wer das Leben zu streng nimmt! Her mit dem Wein und den Würfeln! Wen kümmert das Morgen! Stets im Nacken hängt uns der Tod, und er raunt: ›Lebt! Ich hol euch noch frühe genug!‹«*

Im sozialen Leben der Römerzeit spielten Kneipen und Imbisse eine bedeutende Rolle, nicht zuletzt für die Versorgung der unteren Schichten. Ihre Wohnungen waren zu klein, um darin kochen zu können. Auch wäre die Brandgefahr zu hoch gewesen. Cauponae boten demgegenüber die Möglichkeit, eine warme Mahlzeit zu genießen. Aber auch in römischen Gefilden stand es nicht allzu gut um den Ruf der Kneipen. »Etwas Hohes ist die sittliche Vollkommenheit«, schrieb der Stoiker Seneca (1–65 nach Christus), um das Treiben in den Cauponae dem gegenüberzustellen: »Genuss ist etwas Niedriges, Knechtisches, Schwaches und Hinfälliges, dessen Heimstatt Bordelle und Kneipen sind.« Tavernen galten den feinen Herren als Spelunken, in denen üble Gestalten zwielichtigen Geschäften nachgehen. Und der Oberhalunke ist stets der Wirt beziehungsweise die Wirtin, die ihren Wein über die Maßen mit Wasser verdünnt und dafür unverschämte Preise verlangt. In der *Cena Trimalchionis* (Gastmahl des Trimalchio) des Titus Petronius (14–66) werden Kneipiers deshalb spöttisch als »Im Zeichen des Wassermannes Geborene« bezeichnet. Und *popino* und *ganeo*, eigentlich nur unterschiedliche Ausdrücke für »Gastwirt«, entwickelten sich im Laufe der Zeit zu Schimpfwörtern.

Cauponae wurden häufig von Sklaven oder Freigelassenen geführt. Wie bei den Ägyptern galten auch in Rom Wirte nicht als wehrfähig. Viele Bürgerrechte blieben ihnen deshalb vorenthalten. Noch prekärer war die Stellung des weiblichen Personals – siehe die Kellnerinnencrew der Asellina. Pompejanische Kneipengraffiti wie *Futui coponam* (Ich habe die Wirtin gefickt) oder *Valeria fellas* (Valeria bläst dir einen) sprechen in dieser Hinsicht Bände.

Besucher aus der Oberschicht erregten Anstoß, und dennoch: Kneipen existierten in rauen Mengen und wurden reichlich frequentiert – auch von (Groß-)Bürgersleuten. Es war nicht nur die Aussicht auf schnellen Sex, die sie in die Kneipen trieb. Damals wie heute ging es vor allem darum, die Alltagssorgen zu verdrängen, einen Schwatz zu halten und den lieben Gott einen guten Mann sein zu lassen. Kaiser Nero etwa soll gern verkleidet durch die Cauponae Roms gezogen sein. Laut Sueton ging es ihm dabei nicht nur um das Ausspionieren seines Volkes, sondern auch um den persönlichen Genuss. Oft genug wird er bei seinen Streifzügen auf Beamte seines Hofstaats getroffen sein, die sich unerlaubt vergnügten. In der 8. Satire des Juvenal findet sich ein schönes Beispiel für den ambivalenten Ruf, den die Kneipen genossen: In Ostia wird ein hoher Beamter vermisst, und der Ratschlag lautet: »Such nach ihm in einer berstenden Schänke! Da wird man ihn entdecken, Arm in Arm mit übelsten Strauchdieben, in der Gesellschaft von Matrosen, Räubern, entlaufenen Sklaven, zwischen Henkersknechten und Sargmachern und den schweigenden Trommeln eines betrunken hingestreckten Eunuchenpriesters. Echte Freiheit herrscht dort: Ein Becher für alle, niemand ein eigenes Bett oder einen separaten Tisch!«

Völlig klar, da wäre man auch mal gern!

POMPEJANISCHE GRAFFITI

Die Fassaden von Pompeji waren übersät von Inschriften. Nicht immer handelte es sich dabei um Schmierereien. Asellinas Wahlempfehlung etwa war mit feiner Hand gemalt – die Archäologen sprechen von dipinti *(= ital. Gemälde). Echte Graffiti hingegen wurden geritzt. »Ich wundere mich, Wand, dass du noch nicht eingestürzt bist, die du den widerlichen Kram so vieler Schreiber trägst«, steht am Amphitheater Pompejis.*
Die allermeisten Graffiti sind, wen wundert´s, obszönen Inhalts. Häufig handelt es sich dabei um Prahlereien befriedigter Freier: »Hic ego puellas multas futui« *(Hier habe ich es mit vielen Mädchen getrieben). Erwähnt werden jedoch auch die Schattenseiten des Bordellbetriebs, wenn da jemand gestand:* »Destillatio me tenet« *(Mich hat der Tripper erwischt).*
Ebenfalls häufig vertreten sind Kommentare zu »sportlichen« Veranstaltungen. Statt Ronaldo, Messi oder Neymar standen in der Antike allerdings eher erfolgreiche Gladiatoren im Fokus. Eine weitere Gruppe schließlich umfasst Sentenzen, wie man sie auch heute noch auf Schultoiletten oder in Bahnhofsunterführungen findet. »Paris war hier« zählt dazu genauso wie die endlos variierbare Behauptung »X liebt Y«. Und natürlich durfte auch in Pompeji der Klassiker aller Wandsprüche nicht fehlen: »Pedicatur qui legit«, *also: »Wer das liest, ist doof.«*

Wollte man dem Laster unerkannt frönen, trank man zuhause statt in der Kneipe. Die Griechen, und in Anlehnung an sie auch die Römer, trafen sich zum Symposion. Heute bezeichnet das Wort einen wissenschaftlichen Meinungsaustausch. Früher stand es für ein gemeinsames Gelage unter Ausschluss der Öffentlichkeit. Wer in Athen etwas auf sich hielt – und es sich leisten konnte –, verfügte über einen eigenen Raum für solche Gelegenheiten. Der *andron* war die Kellerbar der griechischen Antike – mit Marmor statt Nut- und Federbrettern, Freskomalereien statt Werbeblechen und insgesamt etwas pompöser.

Das Symposion der Griechen fand unter Ausschluss der Ehefrauen statt. Beim römischen Convivium hingegen durften sie laut Seneca hin und wieder mitmischen. Sie »zechen mit den Männern um die Wette«, schreibt der Dichter, und wie jene »nagen sie an Eiswürfeln, um ihre erhitzte Verdauung zu beruhigen«. In der Regel jedoch dürfte es sich bei den anwesenden Damen eher um bestellte Musikerinnen, Tänzerinnen und Lustmädchen gehandelt haben.

Während der Party lagerten die Teilnehmer im Kreis. Man aß und trank im und auf Liegen, gestützt auf ein Kissen. Solange das noch ging. Vermutlich glichen die antiken Symposien jeder anderen Männerrunde rund um einen zünftigen Wirtshaustisch: Der eine reißt einen dreckigen Witz, der zweite beklagt sich über seine Frau und der Dritte stimmt ein Lied an, während der Vierte und Fünfte tuschelnd ein gemeinsames Geschäft zuungunsten der anderen vereinbaren.

Der Boden des *andron* fiel zur Mitte hin ab. Verlorene Flüssigkeiten, gleich welcher Art, flossen zusammen und konnten von den Dienern deshalb leichter entfernt werden. Also war es wohl eher so: Der totale Exzess war keine hingenommene Folge des Symposions, sondern das erklärte Ziel. Nicht selten endeten die Gelage mit wüsten Beschimpfungen, Prügeleien und demoliertem Mobiliar. Dementsprechend mutierte das Symposion in römischer Zeit zu einem Synonym für Dekadenz und Maßlosigkeit.

Zechen bei Tag und bei Nacht: Die Germanen

»Die eigentliche Geschichte des Bieres beginnt erst dann, als die gewaltige Kraft germanischer Völker auf die Bühne der Welt trat«, schrieb Carl Georg Rehlen in seiner *Geschichte der Handwerke und Gewerbe* von 1855. Die Hybris ist dem deutschen Nationalismus des 19. Jahrhunderts geschuldet. Historisch haltbar ist sie nicht.

Über germanische Kneipen existieren keine volkseigenen Zeugnisse – unsere Vorfahren waren ja eher schreibfaul. Dank römischer Quellen weiß man aber unter anderem, dass sie Alkohol tranken. Und offenbar nicht zu knapp! Der Geschichtsschreiber Tacitus (circa 58 bis circa 120 nach Christus) erzählt in seiner *Germania* von den »riesigen Trinkhörnern«, die diese Menschen permanent in der Pranke hielten. »Tag und Nacht durchzechen sie«, und ihre Suffstreitigkeiten endeten nicht selten tödlich. Der Durst sei diesem Volk verhasster als Hunger und Kälte, beobachtete der schockierte Römer. Um schließlich künftigen Feldherrn einen Ratschlag zu geben: Wie sie da träge auf ihren Bärenfellen lägen und sich mit Bier und Met abfüllten, die Germanen, seien sie doch eigentlich leicht zu besiegen. Man könne sie »ebenso gut durch die Lieferung berauschender Getränke überwinden wie durch Waffengewalt«.

Auch die Politik, so Tacitus, werde im Alkoholrausch betrieben. Sogar »über Frieden und Krieg beraten sie sehr häufig bei Gelagen«. Immerhin werde jedoch »am folgenden Tag von neuem verhandelt«, was dem Beobachter einigen Respekt abringt: »Beiderlei Zeiten widerfährt so ihr Recht: Sie beraten, wenn es ihnen nicht gelingt, sich zu verstellen, und beschließen, wenn sie nicht irren können.«

DAS SUMBEL

Dem griechischen Symposion entsprach das germanische Sumbel. Wikingerfürsten unterhielten große Met-Hallen, hölzerne Partyzelte sozusagen. In der Mitte stand ein eigens geweihter Kessel mit Met oder Bier, in den man das Auerochsen-Trinkhorn tauchte. Die ersten Runden widmete man den Göttern und den verstorbenen Angehörigen. Wenn die Stimmung stieg, wurden aber auch Gedichte rezitiert und Trinklieder angestimmt. Frauen, so überliefern die Quellen, waren beim Sumbel dabei. Das erste Horn kredenzte jeweils die Häuptlingsfrau ihrem Gatten.

Die römischen Besatzungssoldaten vermissten in Germanien so einiges. Die milde Sonne zum Beispiel, und den heimischen Wein. Dass die Römer die Germanen nicht nur das Fürchten, sondern auch das Keltern lehrten, belegt schon die Etymologie: Unser Fass stammt vom lateinischen *vas* ab, die Maß von *mosa* und der Most von *mustrum*. Im 5. Jahrhundert, die Römer waren inzwischen von der Völkerwanderung hinweggefegt worden, war der fränkisch-germanische Weinhandel bereits gesetzlich reglementiert. Unter Chlodwig I. (466–511) drohte Weinreben-Vandalen eine Geldstrafe, andernorts schnitt man den Dieben für ein paar Trauben die Ohren ab oder stach ihnen die Augen aus.

Unter Karl dem Großen (747–814) erlebte der Weinanbau hierzulande dann eine echte Blütezeit. Im frühen 9. Jahrhundert ließ er die Sonnenhänge aller Flüsse bepflanzen, ein Akt, der Karl das Lob der mittelalterlichen Starliteraten einbringen sollte. So erklärt der Franke Wolfram von Eschenbach (1175–1220) im *Parzival*, dass nur der zum Bier greife, der keinen Wein zur Hand hat. Und Hartmann von Aue (gestorben um 1210/1220) dekretiert im Artusroman *Iwein*, ein Becher Wein diene der Rhetorik wie der Männlichkeit »mehr als vierundzwanzig mit Wasser oder Bier«.

Was man über die Qualität des germanischen Gerstensafts erfährt, klingt tatsächlich nicht besonders schmeichelhaft. Wiederum Tacitus berichtete von einem »furchtbaren, aus Getreide gegorenen Gebräu«, das an sehr schlechten Wein erinnere. Kaiser Julian (331–366) stieß 300 Jahre später in dasselbe Horn: Wein dufte nach Nektar, Germanenbier nach Ziegenbock, lautete sein Urteil. Etwas milder ging hingegen Plinius der Ältere (23–79) an die Sache heran. Der Naturforscher, ein Zeitgenosse des Tacitus, hatte ägyptische Damen beobachtet, die sich ihre Gesichtsmaske aus Bierschaum bereiteten. Dieser Stoff, so schloss er messerscharf, sei dem weiblichen Teint also offenbar förderlich. Gemeint war allerdings nicht der Schaum im Glas, sondern jener, der bei der Gärung des Gebräus an die Oberfläche stieg. Dass es sich dabei um Hefe handelte, war den frühen Brauern nicht bewusst.

BACCHANTISCHES BECHERN

Venantius Fortunatus (um 540 – um 605) war Dichter und Bischof von Poitiers. Der stramme Abstinenzler traf während einer Reise an Rhein und Mosel auf eine germanische Festgesellschaft. An Papst Gregor schrieb er: »Die Sänger sangen Lieder und spielten Harfe dazu. Um sie herum saßen die Zuhörer bei Bechern aus Ahorn und tranken wie Rasende um die Wette, wobei sie Bacchus als ihren Richter anriefen. Wer nicht mitmachte, wurde für einen Toten gehalten. Man muss froh sein, wenn man nach einem solchen Feste noch am Leben ist.«

Möglicherweise wurde das Bier hierzulande unabhängig von den Hochkulturen des Mittelmeerraums entdeckt. Der bislang älteste Nachweis stammt aus dem 8. Jahrhundert vor Christus: ein einst mit Bier gefüllter Krug, der einem Toten in Kasendorf bei Kulmbach als Grabbeigabe gedient hatte. Der Mann, vermutlich ein Häuptling, war jedoch noch kein Germane, sondern ein Kelte der Hallstattzeit. Aus Cäsars *Gallischem Krieg* erfahren wir, dass die Kelten/Gallier großflächig Getreide anbauten. Um ihnen Brot und Bier zu nehmen, ließ der römische Feldherr bei seinem Vormarsch immer wieder ihre Felder abernten oder versengen.

Ebenso selbstständig entdeckten die Brauer vermutlich, dass es nicht unbedingt vergorenes Brot brauchte für die Bierherstellung. Keimende und sodann getrocknete, gemälzte Getreidekörner reichten aus. Einfache Darren konnten aus Flechtwerk hergestellt werden, das man wie Grillroste übers Feuer breitete – hoch genug, um nicht zu verbrennen, versteht sich. *Brace*, so nannten die Kelten ihr Malz. Das Wort findet sich bis heute im französischen *Brasseur*, der wiederum mit dem deutschen Brauer verwandt sein könnte.

Kelten wie Germanen kühlten ihr Bier, indem sie es in die Erde eingruben. Kleine Stifte verschlossen die Deckel der Tongefäße. Um möglichst große Vorräte anlegen zu können, schufen sie bronzene Braukessel. Der römische Historiker

Strabon (circa 63 vor Christus bis 23 nach Christus) berichtet von den Braukesseln der Kimbern, dass sie rund 500 Liter fassten. 50 Kästen Bier also, wenn man Halbliterflaschen zugrunde legt. Da fällt das Gelage nicht allzu schnell trocken.

Die Braukessel waren den Germanen so heilig, dass sie in die Mythologie eingingen. Der größte von allen stand in Walhalla, dem Bierpalast der gefallenen Helden. Wie auch auf Erden wurde er von einer Frau befüllt: Frigga, der himmlischen Braumeisterin. Als man ihn eines Tages raubte, jagten die Götter Tyr und Thor zum Riesen Hymir ins Eismeer, um ihm seinen ebenfalls gigantischen Kessel zu stehlen. In hartem Kampf töteten sie sämtliche Riesen, und zum Schutz vor zukünftigen Räubern befestigten sie ihr Diebesgut nun direkt am Himmelsgewölbe. Das spüren wir bis heute. Denn hängt das Firmament voller Wolken, wird in Walhalla gerade Bier gebraut. Donnert es, putzt Thor den Sudkessel für den nächsten Durchgang. Und wie die Himmelserscheinungen, so gehen auch die Gezeiten auf die Launen der Götter zurück. Thor hatte vor Loki dem Listenreichen mit seiner Trinkfestigkeit geprahlt. Dieser jedoch verband das Horn des Gottes mit dem Meer. Thor unterlag, es gelang ihm nicht, sein Gefäß zu leeren. Mit seinem verzweifelten Saugen jedoch hatte er das Weltmeer in Wallung gebracht. Die Folge waren Ebbe und Flut.

»WOL IN! WOL IN! EYN GUET BIER!« – DAS MITTELALTER

Die Völkerwanderung und das damit verbundene Ende der Römerherrschaft hinterließen ein Vakuum. Die kulturellen Verluste waren enorm, auch in gastronomischer Hinsicht. Die römische Infrastruktur brach zusammen, das Netz der Gasthöfe zerriss. In Köln, bis dato Hauptstadt Niedergermaniens, ließen die eingewanderten Franken den fast hundert Kilometer langen Römerkanal verkommen. Die architektonische Meisterleistung hatte der Stadt außerordentlich klares Wasser aus der Eifel zugeführt – und damit auch wunderbares Brauwasser, das nun wieder aus hygienisch bedenklichen Brunnen gewonnen werden musste.

Zeugnisse aus der Zeit zwischen dem 5. und 11. Jahrhundert sind rar. Der älteste Hinweis auf die Existenz von Kneipen stammt aus einer karolingischen Quelle des späten 8. Jahrhunderts: »Kein Priester soll es wagen, Tabernen aufzusuchen«, weil dort »schändliche Worte und streitsüchtige Rede« regierten. Sei´s drum, die Kneipenkultur überlebte das frühe, »dunkle« Mittelalter auch ohne geistliche Gäste. Ins Wirtshaus ging man schon deshalb gern, weil da im Winter ein Feuerchen brannte, das man sich zuhause nicht immer leisten konnte. Aber bis in deutschen Städten, deutschen Landen echte Ausgehviertel entstanden, sollten viele Jahrhunderte vergehen.

Von Gott gesandt: der Gast

Noch bis ins 11. Jahrhundert hinein wurden Gäste umsonst beherbergt. Schon das Konzil von 398 in Karthago hatte beschlossen, dass Bischöfe Gastfreundschaft zu pflegen und Herbergen einzurichten haben. Und die Lex Burgundium aus dem frühen 6. Jahrhundert schreibt vor: »Jeder, der dem Fremdling Gastfreundschaft, nämlich Dach und Herd, verweigert, büßt mit drei Schillingen.« Auch unter Karl dem Großen (747–814) wurde den Menschen eingeschärft, Reisenden »Haus, Herd und Wasser« nicht zu verweigern. Hervorgerufen durch den Reliquienkult der Karolinger, wurden ab dem 9. Jahrhundert Wallfahrten immer beliebter. Überall im Reich entstanden auf Anweisung des Kaisers Herbergen für arme Pilger. Mit dem frommen Fremden kam quasi »Gott ins Haus«, Gastfreundschaft war gekoppelt an Gottesfurcht. Wer einem Pilger Kost und Logis verweigerte, versündigte sich nicht nur gegen Gesetz und gute Sitten, sondern darüber hinaus gegen den Herrn. Denn wie heißt es im Neuen Testament: »Wer den Geringsten um meinetwillen aufnimmt, der nimmt mich auf.«

ECHT BITTER

Der angelsächsische Gelehrte Alkuin (735–804), engster Vertrauter Karls des Großen, konnte dessen Hofbier nicht viel abgewinnen. Offenbar war er von seiner Heimat York/ Northumbria her Besseres gewohnt. Furchtbar bitter sei Karls Sud, »der Tod ist in dem Humpen, obschon das Bier von Gott kommt.«

In der Praxis war es nicht immer einfach, Gottes Wort zu folgen. Bei den alten Griechen konnte *xenos* je nach Zusammenhang »Kriegsfeind« oder »Gast/Fremder« bedeuten. Unser heutiges Wort Gast hat dieselben etymologischen Wurzeln wie die lateinischen Ausdrücke *hospes* (der Gast, erhalten etwa in Hospiz und englisch *hospitality* = Gastfreundschaft) und *hostis* (der Feind, der Fremde, erhalten im Englischen *hostile* = feindlich, aber auch in Hotel). Ganz offensichtlich haben die Begriffe im Laufe der Jahrtausende seltsame Wandlungen durchgemacht. Die dadurch gestiftete Verwirrung kommt allerdings nicht von ungefähr. Denn schon immer war der Gast zugleich auch der Fremde und damit ein potenzieller Feind. Die Kultur der Gastfreundschaft befriedet die natürliche Feindschaft, könnte man resümieren – wenn es denn beiderseitig gelingt! Die Begrüßungsformel eines Kannibalenstamms aus Neuguinea lautet »Ich esse dich« – eine recht zwielichtige Form der gastlichen »Aufnahme«. Und auch im Grimmschen Wörterbuch heißt es, Gast komme von *ghas*, das im Sanskrit für »essen« steht. Der Gast wird demgemäß also nicht ge-, sondern verspeist – den Göttern zuliebe.

Pfalzen, Städte und Klöster

Die Reanimation des Gasthausgewerbes verdankte sich nicht nur dem Aufschwung der Karolingerzeit. Eine bedeutende Rolle spielte offenbar auch ein Klimaoptimum. In der Zeit zwischen etwa 950 und 1250 herrschten auf der Nordhalbkugel überdurchschnittlich hohe Temperaturen. In der Folge stiegen die Ernteerträge – auch die des Hafers und der Gerste, die man in erster Linie zum Brauen verwendete. Technische Verbesserungen und der zunehmende Geldverkehr taten ein

Übriges, um die Wirtschaft anzukurbeln. Das Wort darf man in diesem Zusammenhang durchaus in seiner Doppelbedeutung verstehen: Wie die Ökonomie, so profitierte auch die Kneipen-»Wirtschaft« vom Boom der kleinen Wärmezeit.

Parallel zum Pilgerwesen entwickelte sich das Pfalzsystem. Könige und ihr oft riesiges Gefolge zogen ohne festen Sitz durchs Reich und wollten allerorten versorgt werden. In Karls Zeiten wurde das römische Wegenetz wieder mühsam geflickt. Die gewaltigsten gesellschaftlichen Umwälzungen jedoch zeitigte das Aufkommen der Städte.

Sie gehen auf Fürstengründungen zurück oder erwuchsen aus handelsstrategisch günstig gelegenen Dörfern. Manche wurden von klerikaler Seite zum Bistum erhoben oder per kaiserlicher Gnade zur Freien Reichsstadt. Die damit verbundenen Sonderrechte betrafen auch die gastronomische Versorgung. Privilegien wie das Brau- und Malzrecht waren für die expandierenden Gemeinden pures Gold. Der Motor der Volkswirtschaft wurde nun nicht mehr vom Adel angetrieben, sondern vom Bürgertum und den zünftig organisierten Handwerkern. In Hamburg, Bremen, Nürnberg oder bald auch München erblühten frühbürgerliche Gesellschaften, die sich weitgehend selbst verwalteten. Als 1332 in Straßburg ein Streit um die Führung der Kommune eskalierte, rissen die Zünfte die Trinkstuben der Patrizier nieder und übernahmen die Macht in der Stadt. Auch in Köln entwickelte sich mit dem »Verbundbrief«, der kommunalen Verfassung von 1396, eine erste vordemokratische Stadtgesellschaft.

Heißere Sommer, mehr Getreide – das bedeutete auch mehr Wein und Bier. Und mit dem Angebot stieg der Konsum. An einem lauen Sommerabend setzt man sich eben lieber zum Schoppen unter die Dorflinde als bei Regen und

Kälte. Und bleibt es länger hell, macht man sich öfter auf den Weg ins Wirtshaus. Auch der überlokale Reiseverkehr nahm ständig zu. Die schiere Masse von Übernachtungswilligen ließ die religiös motivierte Gastfreundschaft im Laufe des 11. Jahrhunderts erlahmen. Die christlichen Caritas-Glöckchen wurden übertönt vom Klimpern barer Münze. Aus dem frei bewirteten Gast wurde der zahlende, und aus dem gottesfürchtigen Wirt der kalkulierende Kaufmann. Denn mit Wein und Bier ließ sich Geld machen.

Die Städte waren es dann auch, die das Gasthauswesen vorantrieben. Der steigende Wohlstand generierte ein sprunghaftes Bevölkerungswachstum. Der überregionale Handel beförderte auch das Gastrogewerbe. Kaufmänner und Handlungsreisende mussten genauso verpflegt werden wie Beamte, Pilger und Wanderarbeiter. Zwangsläufig kommerzialisierte sich die Gastronomie während dieses Prozesses. Die allermeisten Bauern hatten ihren Gasthof nur im Nebenerwerb betrieben. Ihre Kapazitäten reichten bald nicht mehr aus. Das volle Wohlfühlprogramm, vom Essen und Trinken über die Schlafgelegenheiten bis zur Versorgung der Pferde, wurde für sie zu aufwendig.

ZÜNFTIGE GILDE

Zünfte betrieben ihre eigenen, innungsinternen Trinkstuben. Politisch vertreten wurden die immer mächtiger werdenden Bruderschaften durch die Gilden. Und damit ist man auch schon wieder bei der Gastronomie: Das niederdeutsche Wort »Gilde« steht für Festschmaus, aber auch für Trinkgelage.

Nimmt man es genau, gab es wohl zu keiner Zeit mehr Kneipen als im Mittelalter und der Frühen Neuzeit. Denn nicht nur durfte jeder Haushalt brauen, er durfte auch Überschuss produzieren und an die Nachbarn verteilen – gegen einen Obolus, versteht sich. Im ermländischen Elbling, einer Gründung des Deutschordens im heutigen Polen, standen im Jahr 1417 den 22 Bäckern und 13 Fleischern sage und schreibe 65 Brauer gegenüber. Echte Kneipenräume existierten freilich nur in seltenen Fällen. Die brauenden Bäuerinnen oder Handwerksfrauen luden einfach in ihre Küche.

Damit die Sache ein System bekam, wurde das private Brauen reglementiert. Nicht jeder durfte jederzeit ausschenken, stattdessen zapften die Nachbarn der Reihe nach. Wie in Deutschland nicht anders zu erwarten, wurde auch das Reihenbrauen schon damals mit bürokratischer Gründlichkeit organisiert. Damit es nie an Nachschub mangelte, sollten die städtischen Beauftragten »mit Ertheilung der Schankzettel nicht solange warten, bis diejenigen, an welchen der Schank im Viertel gewesen, das Bier bis auf den lezten Tropfen ausgeschenkt haben, sondern es müssen, wenn diese etwa noch ein Fass vorräthig haben, denen folgenden die Schankzettel ertheilet werden, um das Nachbrauen, welches sonst beim Ende des Schanks am stärksten zu geschehen pflegt, soviel möglich, zu verhüten.«

War das Fass angeschlagen, schickte man Ausrufer durch die Gassen – im Regelfall wohl die eigenen Kinder oder Knechte: »Hei, man hat ein gut jung Bier allererst aufgetan«, mochten sie etwa kundtun. Selbst Kaiser Rudolf von Habsburg (1218–1291) zeigte einst Einsatz. In Erfurt trat er mit schäumendem Krug vor die Tür eines befreundeten Brauers und deklamierte: »Wol in! Wol in! Eyn guet Bier! Dat hat Herre Siegfried von Bustede ufgetan!«

Später dann warb das jeweils aktuelle Brau-Haus mit einem Aushang über der Tür. Das konnte zum Beispiel ein Besen, Kranz oder ein Strauß sein – Ursprung der bis heute existenten Besen-, Busch- oder Straußenwirtschaften.

Gesindel und Dirnen

Nicht viel Gutes wusste Enea Silvio Piccolomini (1405–1464) von den Straußenwirtschaften zu berichten. Der spätere Papst Pius II. (1458–1464) schrieb über das Wien der 1440er-Jahre: »Tag und Nacht gibt es Raufereien. Selten feiern sie ohne Totschlag, häufig kommt es zum Mord. Fast alle Bürger betreiben eine Straußenwirtschaft. Sie beheizen die Stuben und betreiben eine Küche, um Gesindel und Dirnen anzulocken, denen sie umsonst zu essen geben, damit sie umso mehr trinken. Der Pöbel ist fresssüchtig, das niedrige Volk zerlumpt und ohne Manieren. Sehr groß ist die Zahl der Dirnen. Selten ist eine Frau mit nur einem Mann zufrieden. Die Menschen hier legen die Gesetze aus, wie es ihnen gerade passt: Das Recht ist jederzeit käuflich, wer kann, sündigt ohne Strafe.«

Bechernde Mönche

Mit der steigenden Zahl der Klöster erwuchs den privaten Brauerinnen und Brauern im Laufe des Hochmittelalters große Konkurrenz. Als die Mönche dazu übergingen, eigene Schänken in der Stadt zu unterhalten, eroberten sie den Markt. Die geistlichen Brauer verfügten über größere Kapazitäten an Platz und Kapital. Sie zogen ihr eigenes Getreide, mälzten vor Ort und waren von Steuern befreit. Gleichzeitig arbeiteten sie nur für den Gotteslohn und mussten nicht nebenher noch eine Schar Kinder großziehen. Es waren deshalb zunächst die Klostermauern, innerhalb derer sich der Brauprozess professionalisierte. Der heimische Braukessel der Reihenbrauerinnen wich dem großen Kupfertrog der Klosterbrauerei.

Die meisten Klosterbrauereien fielen um 1800 der Säkularisierung unter Napoleon zum Opfer. Bis heute jedoch zeugen Gaststätten namens »Klosterstube«, »Klosterbräu« oder »Klosterhof« von jener Ära. Noch immer ein beliebtes Kneipenmotiv sind auch die bechernden Mönche: Dicke, rotgesichtige, glatzköpfige Herren in langen, sackartigen Gewändern sitzen um einen groben Tisch herum, ein Römerglas voll Wein oder einen riesigen, überschäumenden Humpen Bier in der Hand. Die entsprechenden Gemälde bedienen ein romantisches Klischee, das allerdings durchaus auf einem realhistorischen Hintergrund basiert. Denn die brauenden Mönche produzierten nicht zuletzt für den eigenen Bedarf. Grund dafür waren vor allem die zahllosen Fastenvorschriften, die den Brüdern das Leben schwer machten. Um nicht vom Fleisch zu fallen, erinnerten sie sich an jene gnädige Regel, die da besagt: »Flüssiges bricht Fasten nicht.«

Dass Bier nicht nur den Durst löscht, sondern auch satt macht, wussten schon die alten Ägypter. Geld war zu Zeiten des Pyramidenbaus noch unbekannt, deshalb erhielten die Arbeiter ihren Lohn in Naturalien. Sie bekamen Getreide zum Brotbacken und Bierbrauen. »Wo ein Brauhaus steht, braucht es kein Backhaus«, lautet ein in die gleiche Richtung weisendes deutsches Sprichwort. In jedem Orden herrschten eigene, mehr oder weniger strenge Regeln. Hier durfte nur nach Sonnenuntergang gegessen werden, dort tage- oder gar wochenlang gar nicht. Dementsprechend half den Mönchen nur das »flüssige Brot« gegen den drohenden Hungertod. Nachvollziehbar, dass sie versuchten, es so nahrhaft wie möglich zu machen – bis heute zeugen Maibock, Doppelbock und andere Starkbiere von ihren Bemühungen.

Man darf getrost davon ausgehen, dass so mancher Geistliche beim Bier über die Stränge schlug. Abt Wibald von Corvey (1098–1158) klagte einst über seine Brüder: »Kein Probst, kein Cellarius kann sie zufriedenstellen, denn Brot, Bier und Fleisch gibt es ihrer Ansicht nach stets zu wenig.« Vielsagend auch, welches Zeichen während der Schweigezeiten der Mönche für »Bier« stand: das Händereiben, vermutlich verbunden mit einem breiten Grinsen.

DÜNNBIER

Der Alkoholgehalt des mönchischen Starkbiers lag bei rund 10 Prozent. Dem gegenüber stand das meist mit unter 2 Prozent gebraute Dünnbier. Oft handelte es sich dabei um den zweiten, dritten, vierten Aufguss der Maische, die ausgewrungen wurde wie ein überstrapazierter Teebeutel. In seinen zweifelhaften Genuss kamen vor allem die Armen und die Bettler, denen man es – immerhin – kostenlos ausschenkte. Nachdem es in Industrieländern nicht mehr produziert wurde, verschob sich die Bedeutung des Wortes. Heutzutage steht »Dünnbier« für eine weitgehend geschmacklose Plörre.

Glaubt man den historischen Quellen, waren die Rationen mancher Ordensbrüder tatsächlich extrem hoch. Für gewöhnlich standen ihnen fünf Einheiten täglich zu. Aus diesem Quantum entwickelte sich die heutige Maß, deren Füllmenge allerdings zeit- und ortsbedingt zwischen 1 und 2 Litern schwankte. Daraus folgt, dass so ein Mönch pro Tag bis zu 10 Liter Starkbier vertilgte. Hungrig ist danach wohl niemand mehr.

Nicht umsonst gilt heute ein ehemaliger Mönch als Schutzpatron der Bierbrauer: Arnulf von Metz hatte schon zu Lebzeiten das Bier als Gesundungstrunk gesegnet. Als er im Juli 640 zu Grabe getragen wurde, ereignete sich ein Wunder. Furchtbar heiß war es an jenem Tag, so heiß, dass die Sargträger drohten zusammenzubrechen. Also kehrten alle 5000 Trauernden in ein Gasthaus ein, wo ihnen allerdings nur ein einziger Krug Bier zur Verfügung stand. Aber siehe da: Die Männer tranken, die Weiber, schließlich auch die Kinder. Der Krug jedoch wurde niemals leer. Leider ist er verschollen.

Der wahre Jacob

Die zunehmende Mobilität schwemmte nicht immer die feinsten Gäste durch das Stadttor. Straßen wurden, wenn überhaupt, nur selten und spärlich beleuchtet – finstere Spelunken, enge Gassen, einsame Friedhöfe, Felder und Weinberge boten lichtscheuen Gestalten ideale Rückzugsorte. Vor allem Frauen verließen nach Einbruch der Dämmerung soweit möglich nicht mehr das Haus.

Auch auf dem Land wuchs mit der Anzahl der Gäste die Menge jener, die das tradierte Gastrecht mit Füßen traten. Räuber und Diebe nutzten das Dunkel der Wälder und die Einsamkeit der Landgasthöfe, um sich zu bereichern. Sogenannte »Lotterpfaffen« zogen umher, um bettelnd über die

Runden zu kommen. Die Redewendung »Das ist auch nicht der wahre Jakob« entstand, als zu Anfang des 11. Jahrhunderts die Pilgerroute gen Santiago de Compostela in Mode kam. Der Spruch betraf vorgebliche Jakobspilger, die an die Freigiebigkeit der Gläubigen appellierten. Statt deren milde Gabe in die Weiterreise zu investieren, trugen sie sie in die nächste Spelunke und lachten sich ins Fäustchen. Im Rheinland nennt man die Brauhauskellner bis heute »Köbes« (kölsch für »Jakob«). Denn Jakobspilger oder solche, die sich dafür ausgaben, wurden während ihres Aufenthalts in der Stadt gern als Servicekräfte eingestellt.

Wo die Sitten verkommen, müssen neue Verordnungen her. Zum Teil drastische Strafen belegen den Wandel des Gastgewerbes im hohen Mittelalter. Vielerorts wurde der kostenlose Aufenthalt begrenzt. In der »Elendsherberg« zu Rothenburg (ob der Tauber) wurden Arme und Bettler bis zu drei Tage mit »Salz, Holz und Licht« versorgt. Stellte sich jedoch heraus, dass sie die Mildtätigkeit ausnutzten, landeten sie am vierten Tag im Halseisen vor der Tür, »männiglich zum Spotte« ausgestellt, um schließlich »zum Thore hinausgeschafft« zu werden.

Aber nicht jeder *hospes/hostis* kam als Räuber, Betrüger oder Schmarotzer. Risiken und Chancen hielten sich für die Eingesessenen die Waage. In Zeiten ohne Gelbe Seiten und Internet fungierten Märkte und Wirtshäuser auch als Kontaktbörse. Aus Fremden wurden dort nicht unbedingt Freunde, aber stattdessen: Handelspartner, Gesellen oder temporäre Mitarbeiter. Nicht zu unterschätzen ist schließlich auch die Rolle des Zugereisten als Übermittler von Nachrichten. Ohne Zeitungen, Radio oder Fernsehen war man vor allem auf dem Land von Neuigkeiten abgeschnitten: Drohte mal wieder der Ausbruch einer Epidemie? Hatte irgendwer irgendwem den Krieg erklärt? Oder gar jemand das Rad neu erfunden?

Schildwirte und ihr »Aushängeschild«

»Die Deutschen sind Liebhaber von Wappen«, schreibt Michel de Montaigne (1533–1592) in seinem *Tagebuch einer Reise*, die ihn 1580/81 auch nach Deutschland führte. »In allen Gasthäusern findet man sie von den durchziehenden Edelleuten schockweise an den Wänden zurückgelassen, auch alle Scheiben sind damit versehen.« Und alle Wirtshausfassaden, könnte man ergänzen.

Kneipen ohne Außenschilder sind heute kaum noch denkbar. Normalerweise verkünden sie mindestens den Namen des Lokals sowie die angebotenen Biersorten. Die zur Straße hin gelegene Schauseite eines jeden Wirtshauses, sein »Gesicht«, sollte gefällig aussehen. Die Caupona der Asellina in Pompeji beispielsweise wurde nicht nur von Graffiti und gemalten Schriftzügen verziert, sondern auch von einem Gemälde. Es zeigt eine rot-braune Amphore samt einer Kanne. Analog dem gläsernen Schaukasten unserer Tage annoncierten also bereits die antiken Kneipiers ihr Angebot neben der Eingangstür. Auch die Schilder über der Pforte stehen in einer langen Tradition. Römische Kneipiers lockten die Kunden mit bunt bemalten Tafeln von der Straße in die Kneipe. Sehr beliebt: Tiernamen. Wie wir heute im »Goldenen Löwen« einkehren, so becherte man in Pompeji im Wirtshaus »Zum Elefanten«.

Heimisch wurde diese Art der Werbung in deutschen Landen ab dem 12. Jahrhundert. Zur Zeit Montaignes existierten dann bereits lizensierte »Schildwirte«. Dabei handelte es sich um Gastronomen im Hauptberuf, die sich durch ihre

Lizenz von den Schwarzbrauern, Hecken- und Winkelwirten abhoben. Ihr Schild gestalteten sie umso aufwändiger, als es sich von den umstehenden Häusern abheben musste. Bis ins 19. Jahrhundert hinein waren Hausnummern in Deutschland die Ausnahme. Gebäude wurden nicht durch Zahlen markiert, sondern trugen einen Namen – illustriert durch plastische Steinarbeiten. Um weithin gesehen zu werden, hingen die Wirtshausschilder häufig an einem Ausleger – das Wort »Aushängeschild« stammt aus jener Zeit.

Der Titel des Schildwirts bedeutete eine Auszeichnung, war jedoch zugleich mit Verpflichtungen verbunden. Zum einen waren eine Lizenz zu bezahlen und Steuern zu entrichten. Zum anderen war ein der Schildgerechtigkeit unterliegender Gastwirt verpflichtet, Speisen, Betten und Platz für die Pferde seiner Gäste bereitzuhalten. Schließlich - und dies war je nach Lage sicherlich der problematischste Punkt – hatte er sich um deren Sicherheit, um Ordnung und Ruhe zu kümmern. Wer seine Sache zur Zufriedenheit der Gäste und des Magistrats erledigte, konnte mit sozialem Aufstieg rechnen. Nicht selten gehörten Wirtsleute im späteren Mittelalter zur Oberschicht einer Kommune. Lucas Cranach der Ältere (1472–1553) etwa verband einen gut gehenden Weinausschank mit ebenso einträglichen Geschäften als Drucker, Apotheker und Maler. Als solcher wird er dann wohl auch sein Aushängeschild eigenhändig gestaltet haben.

HOLZ, BLECH UND LEUCHTREKLAME

Im 20. Jahrhundert, als Bier längst industriell gebraut wurde, stiegen die Brauereien ins Geschäft ein. Zunehmend übernahmen sie die Kneipen und montierten ihr Logo über die Tür. Um 1880 herum wurde das rostanfällige Blechschild zunehmend durch Emaille ersetzt. Auch Glas, ab 1928 Acrylglas, war im Angebot, bevor dann der Siegeszug des Aluminiums begann. Bis heute mögen Traditionsgaststätten auf die gute alte Schreiner-, Maler- und Schmiedekunst setzen. Aber aufs Ganze gesehen haben Leichtmetalle, Kunststoffe und Leuchtreklamen längst die Oberhand gewonnen.

Von der Klippschänke bis zum Ratskeller

Mit der Dichte der Gasthäuser und Kneipen wuchs auch ihre Vielfalt. Die feinere Gesellschaft verkehrte beim Koch-, Mittel- oder Herrenwirt, wo sie üppig und bei feinen Weinen dinierte. Zudem warteten die Luxusherbergen mit weiteren Offerten auf: mit einem angeschlossenen Laden etwa oder einem dezenten Bordellbetrieb. Auch Badehäuser kamen in Mode. Besonders hippe Herren frühstückten zu Anfang des 15. Jahrhunderts im Wasser, an schwimmenden Tischen, und tranken dazu bereits Alkohol. »So wird den ganzen Tag gezecht«, schreibt ein empörter Beobachter des dekadenten Treibens.

Jenseits solch feudaler Eventgastronomien wurden die Ratskeller zu einer wichtigen Institution. Hier traf sich die Oberschicht, um Kontakte zu pflegen, Geschäfte zu machen und die politische Zukunft der Kommune zu gestalten. Ratskeller wirtschafteten dem Magistrat direkt in die Tasche und profitierten von diversen Privilegien. Dazu gehörte etwa das Exklusivrecht auf den Ausschank ausländischer Weine. Ein vorläufiges Ende fand die Geschichte der Ratskeller schließlich 1811: In den napoleonisch besetzten Gebieten wurden sie zwangsgeschlossen und ihre Weinvorräte verkauft.

Wie schon die antiken Metropolen verfügten auch die spätmittelalterlichen deutschen Städte über eine gesunde Kneipendichte. Betrieben von sogenannten Zapfwirten, lagen die einfachen Trinkstuben wie in Rom oder Pompeji vorzugsweise an Straßenkreuzungen. In Bezug auf die frühen Ecklokale sprach man von Wein-, Bier- oder auch Kneipschänken. Letztere bildeten den Übergang zu den eher finsteren Winkel- oder Klippschänken, in denen das niedere und das zwielichtige Volk verkehrten.

Dass man auch im bürgerlichen Gasthof noch einige Schritte entfernt von unserer durchkommerzialisierten Gegenwart war, belegt eine Notiz des Erasmus von Rotterdam über deutsche Tischsitten. 1518 schrieb er anlässlich einer Reise: »Die Deutschen tischen nicht auf, bevor offensichtlich niemand mehr zu erwarten ist, damit alle auf einmal abgefertigt werden können.« Außerdem aß man am »Gemeinschaftstisch«, wie Michel de Montaigne in ebenjenem Jahrhundert erfuhr. In seinem *Tagebuch* berichtet er, dass im deutschen Gasthof jeder dasselbe bezahle für seine Mahlzeit. Offenbar war es gleichgültig, wie oft man seinen Teller füllte – *all you can* eat anno 1581. Im selben Atemzug wundert sich der gebildete Franzose übrigens auch über die Getränkepolitik seiner deutschen Wirtsleute. Es gelte ihnen als Schande, einen leeren Weinbecher nicht sofort wieder aufzufüllen. Wasser hingegen werde »grundsätzlich nie ausgeschenkt, nicht einmal, wenn man eigens darum bittet.«

Wahrlich, ein seltsames Völkchen!

SCHNAPSLEICHEN UND ARBEITSKAMPF – DIE NEUZEIT

Fynes Moryson (1566–1630) stammte aus Lincolnshire in England. Von 1591 bis 1595 bereiste er den europäischen Kontinent, um die Sitten und Gebräuche der verschiedenen Nationen kennenzulernen. Wie de Montaigne wusste der Mann also, wovon er sprach, wenn er den Deutschen zuschrieb: »Sie leben einfach und bescheiden, sofern man von ihrer maßlosen Trinkerei absieht.« Wer in Deutschland etwas gelten wolle, komme am Alkohol nicht vorbei. Vor allem im Wirtshaus seien die Sitten rau: Jeder neu Eintretende müsse mit jedem anwesenden Gast anstoßen, bevor er sich setzen dürfe. Der englische Gentleman scheint unter diesem Brauch arg gelitten zu haben, denn er fährt fort: Es sei hierzulande »besser, unter fechtende Feinde als trinkende Freunde« zu geraten.

Immerhin schienen die deutschen Speisen und Getränke im Allgemeinen recht schmackhaft zu sein, wie auch andere Reiseberichte bestätigen. Schon 1517/18 war der Italiener Antonio de Beatis als Sekretär des Kardinals Luigi d'Aragona durch Mitteleuropa gezogen. Die Etappe von Augsburg nach Köln war ihm die folgende Notiz wert: »In allen Gasthäusern bekommt man zwei Sorten Wein, weißen und roten, gut und schmackhaft, zuweilen mit Salbei, Flieder und Rosmarin gewürzt. Das Bier ist in Deutschland wie in Flandern im Allgemeinen ordentlich. Es gibt leckeres Kalbfleisch, viele Hühner und gutes Brot.« Wir sehen: Die Speisekarten des ausgehenden Mittelalters gingen durchaus über Sauerkraut und Würste hinaus. Als besonders typisch empfand Beatis des Weiteren die holzvertäfelten, stets mit einem Kachelofen bestückten Wirtshäuser.

Alles unter einem Dach

Wie bereits bemerkt, war die Gaststube aus der Bauernküche hervorgegangen. Noch bis ins 18. Jahrhundert hinein sah man ihr das auch an. Trennende Tresen kannte man damals noch nicht. Der sein Terrain absteckende, sich gegen seine Gäste abgrenzende Wirt ist eine Entwicklung des späten 19. Jahrhunderts. Stattdessen fungierte der Ausschank als multifunktionaler Gemeinschaftsraum. Hier hielten sich Gäste wie Gesinde auf, hier wurde überm Feuer gekocht und an den Tischen gegessen. Vielfach belegt ist auch die Nutzung des Schankraums als Gerichtsstätte – zumindest für kleinere Angelegenheiten wie Streitfälle, Diebstähle oder Verstöße gegen die Dorfordnung. Und nicht selten war der Richter zugleich auch der Wirt, der sich mit der Gastronomie ein paar Taler dazuverdiente. Praktisch für alle Beteiligten: Wurden Geldstrafen verhängt, konnten sie an Ort und Stelle vertrunken werden.

Weil der Gastraum beheizt war, diente er auch häufig als Schlafstätte. Nicht jeder Fremde war zufrieden mit dem hiesigen Komfort. Besonders schlimm erwischte es offenbar den englischen Diplomaten Thomas Lediard (1685–1743). In den 1730ern weilte er mehrfach in Norddeutschland und klagte über die dortigen Zustände: »So mussten wir uns niederlegen, auf der einen Seite wiederkäuten die Kühe und auf der anderen grunzten die Schweine. Ein Bündel schreiender

Kinder, mit drei oder vier Weibsleuten, lag zur Rechten, ihre vom Kornbrand besoffenen Männer hingegen schnarchend, lärmend und kotzend zur Linken.«

Einen besonders detaillierten Blick auf frühneuzeitliche Gasthöfe ermöglicht uns das *Buch Weinsberg*, die viele Tausend Seiten umfassende Autobiografie des Kölner Kaufmanns und Ratsherrn Hermann von Weinsberg (1518–1597). Darin beschreibt er, wie seine Eltern ihre verschiedenen Gewerbe unter einem Dach vereinten. Im Haus Weinsberg am Waidmarkt lag die Tuchfärberei neben dem Silo für den Getreidegroßhandel, und der Schankraum diente zugleich als Kinderzimmer. Weinsberg erzählt von der Magd Nesa, die ihn als Kind betreute. Das Babysitting wie auch ihre verschiedenen Haushaltsaufgaben erledigte Nesa in der Gaststube, wo sie zudem für die Bewirtung der Gäste zuständig war.

Menschenfett, Nackenschweiss und Hosenmilch

Gasthöfe, Brauereien und einfache Wirtshäuser hatten über die Jahrhunderte herbe Rückschläge wegzustecken. Ein großer Einschnitt waren etwa die Bauernkriege der Jahre 1524/25. Die Aufständischen zogen plündernd und brandschatzend umher. Man schätzt, dass dabei mehr als tausend Klöster und Adelssitze zerstört wurden – und mit ihnen die dortigen Brauhäuser. Gleichzeitig jedoch verlangte der entfesselte Plebs nach Alkohol, wo immer er auftauchte. Nicht selten wurde belagerten Gemeinden genau mitgeteilt, wie viel Bier nötig war, damit die Stadt verschont bliebe. Noch ärger traf es die Brauer und Wirte, als 1618 der Dreißigjährige Krieg losbrach. 1628, am Hof in Berlin, konnte Heerführer Wallenstein (1583–1634) noch nach seinem geliebten Weißbier verlangen. Ab den 1630er-Jahren jedoch wurden in den Kampfgebieten kaum noch Felder bestellt. Die Rohstoffe wurden rar und waren unbezahlbar. In Augsburg etwa stieg der Bierpreis gegenüber Friedenszeiten um das Neunfache.

Der Westfälische Frieden beendete das Gemetzel 1648. Aber ordentlich begossen werden konnte der Waffenstillstand von kaum jemandem. Das Braugewerbe lag brach. Zwar existierten – neben den zahllosen Hausbrausuden – mehrere Hundert Biersorten in Deutschland; aber die kursierenden Spitznamen sprechen Bände über die Qualität so manchen Trunks: »Krabbl an der Wand« und »Auweh« sind ebenso belegt wie »Kasernenbrühe«, »Fensterschwitz« und »Dorfteufel«, ganz zu schweigen von »Menschenfett«, »Nackenschweiß« und »Hosenmilch«.

Hatte sich ab dem 16. Jahrhundert allmählich der Hopfen als tragende Kraft im Brauprozess angemeldet, so fiel man nun doch wieder mangels Alternativen auf die »Grut« zurück: auf ein Gesöff mithin, dem beinahe alles beigegeben werden konnte, um es halt- und trinkbar zu machen. Um nur einige der gängigen Zusätze zu nennen: Kräuter wie Wermut, Myrte, Drachenwurz oder Gagel, psychotrope Wirkstoffe wie Bilsenkraut, Stechapfel und Porst, dazu Kreide, Ruß und Pech oder auch mal Eier, Eichenrinde und Ochsengalle.

Als es allmählich wieder aufwärts ging, entwickelte sich, vor allem in den Städten, das Brauhaus zum Erfolgsmodell. Wie auf dem Land, befanden sich auch hier Brauerei und Wirtshaus letztlich unter einem Dach. Aber Privat- und Wirtschaftsräume waren getrennt, die Abläufe wie die Ausrüstung professionalisiert. Einzelne Häuser blickten im 17. Jahrhundert bereits auf eine reiche Tradition. Das berühmte Hofbräuhaus am Münchner Platzl hatte 1589 seine Pforten geöffnet. Zur selben Zeit konkurrierten in Köln über 60 Brauhäuser um Kunden. Jahrhundertelang kämpften die Brauer gegen fürstliche Gängelung und rigide städtische Brauordnungen. Mit der Zeit jedoch wurden auch die Brauerzünfte selbst zu Bremsern des wirtschaftlichen Fortschritts. In der Frühphase ihrer Entstehung im 14. und 15. Jahrhundert mochten sie noch ein progressives Moment der urbanen Entwicklung gewesen sein. Indem sie jedoch jeden äußeren Einfluss blockierten, verharrten sie auf der Stelle. Die brauhandwerklichen Fertigkeiten, auch die technische Ausstattung und die Exportlogistik deutscher Brauereien standen im Vergleich zum wirtschaftsliberalen England deutlich zurück. Dampfbetriebene Maschinen kamen hier genauso verspätet zum Einsatz wie Gärbottiche aus Metall statt aus Holz. Erst die Gewerbefreiheit des beginnenden 19. Jahrhunderts löste die selbst angelegten Fesseln der Zünfte. Die Folge war ein Brauhausboom, verbunden mit einer nun deutlich größeren Angebotspalette in den Schänken.

Luxussteuern und Kaffeeschnüffler

Zu einem mächtigen Fürsprecher des deutschen Bieres sollte sich Friedrich II. von Preußen (1712–1786) entwickeln. Schon sein Vater, der »Soldatenkönig« Friedrich Wilhelm I. (1688–1740) war ein Freund des Gerstensafts gewesen. 1716 veranlasste er den Bau einer »Königlichen Brauerei« in Potsdam. Das dort produzierte Obergärige soll er als Teil des Soldes an seine Soldaten verteilt haben. Sohn Friedrich ließ er mit Biersuppe großziehen und verordnete ihm sodann eine entsprechende Ausbildung: »Wie ihm denn auch vom Brauwesen aller nötige Unterricht zu geben und zugleich zu zeigen, wie das Brauwesen muss traktieret, gemaischet, das Bier gestellt, gefasst und überall dabei verfahren sein muss, wenn es gut ist«, befahl er den Lehrern seines Filius´. Vor diesem Hintergrund war es kein Wunder, dass sich der Junge später, als Friedrich der Große, für den Hopfensud ins Zeug legte. Neben sentimentalen Gefühlen spielten dabei jedoch auch knallharte ökonomische Überlegungen eine Rolle.

Im 17. Jahrhundert waren Kaffee, Tee und Kakao nach Europa gekommen und wurden bald auch für die einfachen Leute erschwinglich. Mit zunehmendem Kaffeeimport jedoch gingen die Erträge aus der Biersteuer immer stärker zurück. »Ein jeder Brauer und gemeine Mensch gewöhnt sich jetzt zum Kaffee«, klagte der König. »Wird das ein bisschen eingeschränkt, so müssen sich die Leute wieder an das Bier gewöhnen, denn das ist zum Besten ihrer eigenen Bierbrauereien.«

Um den Kaffeehandel einzudämmen, erhöhte er zunächst die Einfuhrzölle auf Bohnen und belegte sie mit einer Luxussteuer. In der Folge rieben sich jedoch nicht die Bierbrauer, sondern die Kaffeeschmuggler die Hände. Über Hamburg importierte Rohbohnen gelangten versteckt unter Holz- oder Kohlenlieferungen in die Hauptstadt. Aber der »Alte Fritz« gab nicht auf. Ab dem 21. Januar 1781 untersagte er nun auch das Rösten von Kaffee. Wenn überhaupt, sollte man nur noch die Bohnen seiner höfischen Rösterei genießen. Um seinen eisernen Willen zu unterstreichen, schickte der König Spitzel aus. Sogenannte Kaffeeschnüffler stürmten die Gaststuben und auch Privatwohnungen, wenn sie denn einmal Lunte gerochen hatten. Explizit war ihnen auch das »Abtasten und Abriechen« von Frauen erlaubt – man wusste schließlich nie, wo so ein Päckchen Kaffee noch verborgen sein konnte.

Wie der Herr, so´s Gescherr: Parteigänger Friedrichs folgten auf dem Fuß. Jacob Blume zitiert eine Brandrede des Bischofs von Hildesheim von 1780: »Eure Väter, deutsche Männer, tranken Branntwein und wurden bey Bier, wie Friedrich der Große, auferzogen. Alle Töpfe, vornehme Tassen und gemeine Schälchen, Mühlen, Brennmaschinen, kurz alles, zu dem das Beywort Kaffee gesetzt werden kann, soll zerstöret und zertrümmert werden. Wer sich untersteht, Bohnen zu verkaufen, dem wird der ganze Vorrath confisciert.«

Allein, es half nichts. Friedrichs Kaffeeschnüffler waren nicht beliebt, aber auf gute Geschäfte mit ihnen ließ man sich gern ein. Unmengen konfiszierten Kaffees landeten so auf dem Schwarzmarkt – ein Grund dafür, dass der Kaffeekonsum trotz aller Restriktionen nicht nachließ.

PICHELN UND PATRIOTISMUS

Heinrich Heine (1797–1856) schildert in seiner Harzreise *einen langen Wirtshausabend des Jahres 1824: Die Gesellschaft wird stetig betrunkener, man singt Lieder von Rückert und Uhland. Als größter Feind der Deutschen gilt noch immer der längst besiegte Napoleon. 1812 hatte er deutsche Truppen als Kontingent der Grande Armée auf seinen Russlandfeldzug gezwungen – eine Schmach, die Nationaldichter Ernst Moritz Arndt mit seinem glühenden* Vaterlandslied *kommentierte. Und genau dieses stimmt auf dem Höhepunkt des Abends dann auch die Heinesche Tischgesellschaft an: »Der Gott, der Eisen wachsen ließ,/ der wollte keine Knechte,/ drum gab er Säbel, Schwert und Spieß/ dem Mann in seine Rechte;/ drum gab er ihm den kühnen Mut,/ den Zorn der freien Rede,/ dass er bestände bis aufs Blut,/ bis in den Tod die Fehde.«*

Zwei Fässer fränkisches Bier

Die neuen exotischen Heißgetränke erweiterten das gastronomische Angebot. Das Bier verdrängen konnten sie nicht. Selbst Armen- und Krankenhäuser unterhielten bis in die erste Hälfte des 19. Jahrhunderts hinein eigene Hausbrauereien, um ihre Klienten damit zu versorgen. Die Säkularisierungen der französischen Besatzer versetzten dem Brauwesen ab 1802 allerdings einen schweren Schlag. Nur wenige der aufgelösten Klosterbrauereien lebten unter der Regie von privaten Unternehmern weiter. Ausnahmen bilden etwa die Klöster Ettal und Andechs in Bayern.

Zur gleichen Zeit existierten in deutschen Landen rund 80 000 konzessionierte Wirtshäuser, die weiterhin Schnaps und Bier an den Mann (seltener: die Frau) brachten. Und die zunehmende Verstädterung erhöhte die Kneipendichte weiter. Eine preußische Erhebung des Jahres 1852 registriert 2,5 Gaststätten auf 1000 Einwohner. 1872 lag das Verhältnis bereits bei 4,8/1000, in Berlin gar bei 7,4. In der Hauptsache handelte es sich dabei um Arbeiterkneipen, aber auch die Angestelltenlokale brummten. Ein schnelles Essen in Büronähe, zwei oder drei Bierchen in der Mittagspause – das wusste auch die urbane Mittelschicht zu schätzen.

Mit der Industrialisierung gingen zahllose technische Neuerungen einher. Die Dampfmaschine revolutionierte nicht nur die Produktion in den Fabriken, sondern auch das Transportwesen. Ende 1835 absolvierte die erste deutsche Eisenbahn ihre Jungfernfahrt. Die Strecke führte über sechs Kilometer von Nürnberg nach Fürth. Als man dann am 11. Juli 1836 erstmals Güter transportierte, wussten die Verantwortlichen, wie man die Massen anlockt und Schlagzeilen generiert. An Bord, in einem Waggon der dritten Klasse, lagerten zwei Fässer fränkisches Bier. 1887, also rund 50 Jahre später, lag der Gesamtbierversand per Schiene bereits bei 816 558 Tonnen jährlich.

DAS BEVÖLKERUNGSWACHSTUM WÄHREND DER INDUSTRIALISIERUNG

Jahr	*1871*	*1890*	*1910*
Berlin	*472 000*	*1,13 Mio.*	*2,31 Mio.*
Köln	*129 233*	*281 681*	*516 527*
Gelsenkirchen	*7 825*	*28 057*	*169 513*

Die Arbeiterkneipe

Die Euphorie der Reichsgründungszeit führte zu einem Bauboom, der zu Beginn des 20. Jahrhunderts seinen Höhepunkt erreichte. Auch das Gastrogewerbe profitierte davon. Die Bauanträge jener Jahre beziehen sich auf Gästezimmer, Lager- und Kühlhäuser. Auch im Hygienebereich ging es voran: Neue Toilettenanlagen und Waschräume entstanden, nun auch mit fließendem Wasser und getrennt nach Geschlechtern. Schickere Lokalitäten warteten zunehmend mit privaten WCs für jedes einzelne Zimmer auf. So mancher Gast machte im Gasthof seine erste Erfahrung mit Glühbirnen, Ventilatoren oder Aufzügen. Ebenso wie Zentralheizungen und Telefonkabinen standen auch separate Kaffee-, Billard- und Zigarrenräume für den neuen Luxus.

Die Arbeiterkneipen kamen in solchen Genuss deutlich später oder gar nicht. Wichtig für das soziale Leben der niederen Stände wurde vor allem das Sälchen. Seine Verbreitung fällt ebenfalls in die zweite Hälfte des 19. Jahrhunderts. In manchen Fällen hatte der Gastwirt lediglich sein Hinterzimmer umfunktioniert. Andere Säle jedoch konnten das Ausmaß von großen Bierzelten erreichen, ergänzt um Auftrittsbühnen. Hier traf man sich zu Dorfversammlungen, zu Hochzeiten und Trauerfeiern. Auch der alljährlichen Kirmes und dem Schützenfest bot der Wirtshaussaal den entsprechenden Raum.

An erster Stelle stand das Vergnügen. Im Sälchen spielten umherziehende Kapellen auf, am Wochenende wurde getanzt. Vor allem auf dem Land war das eine große Sache. Schließlich etablierte sich das Radio in Deutschland erst Ende der 1920er-Jahre, und an Diskotheken und Clubs war in der zweiten Hälfte des 19. Jahrhunderts noch genauso wenig zu denken wie an Fernseher. Die Musiker wie auch die wechselnden Theatergruppen brachten Leben ins Dorf und verbreiteten Neuigkeiten. Durch ihren Job kannten sie Regionen, die dem Durchschnittsdörfler der Kaiserzeit lebenslang verschlossen blieben.

Eine Sensation waren auch die ersten mobilen Filmvorführer. Schon die Brüder Lumière hatten anno 1895 ihre neue Technik in einem Pariser Café präsentiert. Von dort aus wanderten die frühen Stummfilme vor allem in ländlichen Gegenden zunächst in die Wirtshäuser. Das Sälchen verwandelte sich in ein Kino, die Filme entführten die Besucher in eine neue, unbekannte Welt. Damit auch der Wirt ordentlich profitierte, durfte während der Vorstellung getrunken und gegessen werden.

Enorm wichtig wurde das Sälchen schließlich auch für die zahllosen Vereinsgründungen des 19. Jahrhunderts. Bis heute nennt man Deutschland das Land der Vereine – wohl zurecht, denn hierzulande gibt es tatsächlich nichts, was es nicht gibt. Der Verein gegen betrügerisches Einschenken, die Freunde der Zahl Pi, der Deutsche Zollstock- und der Deutsche Sensenverein seien hier als Beispiele genannt. Die Winsener Nachrichten berichten im Jahr 1908 sogar von einem »Verein zur Beendigung der Vereinsmeierei«. Steigerung dessen wäre dann nur noch der »Verein der Freunde des Widerspruchs in sich.«

Begonnen hatte der Vereinsboom ebenfalls mit der Reichsgründung 1871. Waren die Turnvereine von 1819 bis 1842 noch verboten gewesen, so erlebten sie nun eine Renaissance. Ihre Versammlungen hielten sie genauso in der Gaststätte ab wie die Skat-, Angler-, Schützen- und Gesangsvereine. Kriegervereine feierten den Sedantag im September und Kaisers Geburtstag, der unter Wilhelm II. von 1889 bis 1918 auf den 27. Januar fiel. Zu einem echten Volkssport hatte sich auch das Kegeln entwickelt. Lange Zeit hatte man die Kugeln im Freien über notdürftig überdachte Bahnen gejagt. Mit den Sälchen jedoch wurden nun auch Indoor-Kegelbahnen angelegt – manchmal am Rande des Saals selbst, manchmal als ausgegliederter Anbau.

Viel Platz für viele Gäste: So ein Saal spülte Geld in die Kassen der Wirte. Sie profitierten enorm von Vereinen, wie auch diese gedeihen konnten durch den zur Verfügung gestellten Raum. Genau dadurch jedoch, durch das Wachstum der Vereine, kippte die Entwicklung irgendwann. Die Clubs begannen, sich ihre eigenen Heime und Hallen zu bauen. Fast immer integriert: ein Tresen, eine Zapfanlage und ein paar Tische. So wurden sie unabhängig von den Gaststätten, mit dem gastronomischen Clubhaus sparte man sich Wege und Geld. Das Sälchen, zunächst ein Segen für die Wirtsleute, war in gewisser Hinsicht auch ein Totengräber. Es steht, als ein Faktor von vielen, für das bis heute anhaltende Kneipensterben.

Die Arbeiterkneipe entstand mit der Industrialisierung. Millionen von Jobsuchenden zog es in die Metropolen mit ihren Fabriken und Großbetrieben. Das Gebiet zwischen Rhein und Ruhr, zuvor ein von Ackerbau und Viehzucht geprägter Landstrich, mutierte zum »Kohlenpott«. In den Bergwerken, Kokereien, Eisenhütten und Stahlwerken gingen die Eingewanderten einer harten, schlecht bezahlten Arbeit nach. Ihre Welt folgte nicht mehr dem Zyklus von Tag und Nacht oder dem der Jahreszeiten wie noch in der Landwirtschaft. Statt am morgendlichen Hahnenschrei und am Untergang der Sonne orientierte er sich nun am Takt der Maschinen, die niemals stillstanden. Graue Mietskasernen, der rußverschmutzte Blaumann als Uniform, gemeinsame Leiden, gemeinsame Freuden: Aus den vielen einzelnen Malochern und ihren Familien formte sich eine neue Gesellschaftsschicht – das Proletariat.

Die Arbeiterfamilien lebten zusammengeballt in den schlechteren Vierteln der Städte – im Windfeld der Fabrikschlote. Während der Mittelstand seinen Gästen das Wohnzimmer präsentierte, waren die Unterkünfte der Malocher düster, stickig und häufig extrem beengt. Die Hausfrau hatte einen Haufen Kinder zu versorgen, nicht selten lebte auch die ältere Generation mit unter dem selben Dach. Und in Zeiten der Not schliefen Wanderarbeiter für ein paar Groschen mehr im ehelichen Bett, während der Mann auf Schicht war. Die häusliche Enge war sicherlich ein Grund dafür, dass es den Kumpel nach der Arbeit in die Kneipe zog. Hier traf er seinesgleichen, hier machte er sich Luft, die ihm in seiner inhumanen Arbeitswelt abgeschnürt wurde.

MÄNNERWELTEN

Auch Jack London schwärmt in König Alkohol *von der Gemeinschaft der Männer im Wirtshaus. Frauen scheinen dabei nur zu stören: »Als ich jung war, entrann ich nur mithilfe der Kneipen der Enge weiblichen Einflusses in die freie Welt der Männer. (…) Als Zeitungsjunge auf den Straßen, als Seemann, als Goldgräber, als Wanderer in fernen Ländern, überall, wo Männer zusammenkamen, um Gedanken auszutauschen, zu lachen, zu prahlen, zu wagen, zu ruhen, die stumpfe Plackerei mühseliger Tage zu vergessen, überall trafen sie sich beim Alkohol. Die Kneipe war ihre Versammlungsstätte.«*

Mag das Wirtshaus für den ein oder anderen ein Fluchtort gewesen sein, so entwickelte es doch auch ein Eigenleben. Die Arbeiterkneipe bildete ihre eigene Kultur heraus. Ihren Gästen bot sie einen vergleichsweise anarchischen Freiraum, einen Hort der schnapswarmen Verbrüderung und eine Bühne für die Selbstdarstellung und für die große Politik. Aber ehe es zu romantisch wird, sei schnell hinzugefügt, dass dieser wundervolle Ort nur dem männlichen Geschlecht zur Verfügung stand. Frauen kamen in der Männerwelt der Kneipe nicht vor, es sei denn als resolute Wirtin oder als verruchte Bordsteinschwalbe. In der patriarchalen Gesellschaft des 19. Jahrhunderts hüteten die Ehefrauen gezwungenermaßen den Herd und die Brut. Und als sei dies nicht genug der Diskriminierung, wurden sie zuweilen auch noch verantwortlich gemacht für die Kneipenflucht des Gatten. Dröge und Krämer-Badoni zitieren einen in dieser Hinsicht besonders infamen Artikel der Leipziger *Illustrirten Zeitung* von 1873: »Man muss das Übel an der Wurzel fassen und den Grubenarbeiter mit seinem rauen, schweren Schicksal dadurch zu versöhnen suchen, dass man ihm ein Heim ermöglicht«, heißt in dem in Großbürgerkreisen gelesenen Magazin. Aber wie, fragt man dort weiter, soll so ein Mädchen aus der Arbeiterklasse »einen häuslichen Herd mitbegründen und so verschönen können, dass der aus dem finsteren Schoß der Erde zurückkehrende Gatte, Vater oder Bruder lieber den Schritt nach seiner Hütte als zum Wirtshaus lenkt.«

In das gleiche Horn stößt eine Ausgabe der *Gartenlaube* von 1888. Man hört förmlich den Stoßseufzer, mit dem der oder die Verfasser/-in formuliert: »Wieviel Tausende von ›Hausfrauen‹ des Arbeiterstandes gibt es heutzutage, die nicht kochen können; wieviel Tausende Männer werden dadurch ins Wirtshaus geführt, und wieviel Vermögen der kleinen Leute wird durch Unkenntnis der Frauen in Küchenangelegenheiten nutzlos verschwendet.«

Das Schönste an dieser Zitatperle: die einfachen Anführungszeichen um die ›Hausfrau‹ herum. Und was wir daraus lernen: Kocht die Kati Königsberger Klopse, zieht der Kurt die Küche der Kneipe vor.

In der Arbeiterkneipe kam man nicht nur zusammen, um zu trinken und Spaß zu haben. Schnell entwickelte sie sich zu einem multifunktionalen Ort. Manche Gaststätten unterhielten Arbeitsvermittlungen, in denen sich die Tagelöhner versammelten, um einen Job zu ergattern. Gewerkschafter und linke Parteigänger suchten gezielt Kneipen auf, um zu agitieren und Mitglieder zu gewinnen. Auf den Tischen lagen die sozialistischen Zeitungen aus, deren Abonnement man sich zuhause nicht hätte leisten können. Um die Macht der subversiven Presse zu bändigen, hatte Österreich schon 1789 eine Zeitungssteuer eingeführt. Preußen zog 1852 nach, musste sich aber wie der Nachbar gegen Ende des 19. Jahrhunderts der Demokratisierung beugen und die Taxe wieder kassieren.

Waren die frühen Malocherkneipen auf einen Tresen beschränkt, machten sich auch hier bald die Einflüsse des Kapitalismus bemerkbar. Brauereien boten sich an, die schäbigen Etablissements aufzupeppen. Indem sie die Einrichtung und bald auch die Pacht finanzierten, brachten sie die Wirte in ihre Abhängigkeit und kassierten beim Ausschank kräftig mit. Streng sozialistisch ausgedrückt: Das im Vergleich zum industriellen Überschuss wenige Geld, das den Produktivkräften zugestanden wurde, saugte die von der Großbrauerei unterhaltene Kneipe ihnen nach Feierabend direkt wieder ab.

Die Macht der Konzerne beschäftigte auch den späteren Reichskanzler, Außenminister und Friedensnobelpreisträger Gustav Stresemann (1878–1929). In seiner 1902 eingereichten Doktorarbeit zum spannenden Thema »Die Entwicklung des Berliner Flaschenbiergeschäfts« schreibt er auch über »das Vordringen der Großunternehmung«. Zwar bringe diese Entwicklung einige Vorteile für die Konsumenten; dem stehe aber »als Kehrseite gegenüber die Vernichtung vieler, bis dahin selbständiger Existenzen« und deren »Zurücksinken in die Klasse der Lohnarbeiter.«

Auch die Kneipengänger registrierten die Veränderungen – nicht zuletzt im Geldbeutel. Und hin und wieder platzte ihnen der Kragen. Verweigerten sich die Brauereien einer Lohnerhöhung oder drohte eine Entlassungswelle, kam es zu Boykotten. Ebenso erging es dem Gastwirt, der aus Angst vor der preußischen Knute politische Versammlungen in seinen Räumen untersagte. Selbst die Erhöhung des Bierpreises konnte reichen, um eine Kneipe zu bannen und eine Revolte loszutreten (siehe Kasten). Denn das Bier, vormals ein schlichter Gerstensud, war zu einem politischen Elixier, zum »Sozialdemokratischen Saft« geadelt worden.

Neben Blut, Schweiß und Tränen gehörte auch Bier zum Kleister der Arbeitersolidarität. »Für den Proletarier bedeutet in Deutschland der Verzicht auf den Alkohol den Verzicht auf jedes gesellige Beisammensein überhaupt«, schrieb 1891 der marxistische Philosoph Karl Johann Kautsky (1854–1938). Die Kneipe, so führt er weiter aus, stehe für das »Bollwerk der politischen Freiheit des Proletariers, das ihm so leicht nicht konfisziert werden kann.« Ein Bericht von Friedrich Engels (1820–1895) zur Revolution von 1848 in der Pfalz scheint dies zu bestätigen: »Wer die Pfalz nur einmal gesehen hat, begreift, dass eine Bewegung in diesem weinreichen und weinseligen Lande einen höchst heiteren Charakter annehmen musste. Die Herstellung der Kneipfreiheit war der erste revolutionäre Akt des pfälzischen Volkes: Die ganze Pfalz verwandelte sich in eine große Schenke, und die Massen geistigen Trankes, die im Namen des pfälzischen Volkes während dieser sechs Wochen verzehrt wurden, überstiegen alle Berechnungen.«

DER NÜRNBERGER BIERKRIEG (MAI 1866)

Obwohl die Preise für Hopfen und Gerste niedrig waren, beschlossen die fränkischen Brauer 1866 eine Bierpreiserhöhung. Am 1. Mai entlud sich der Zorn des durstigen Volkes. Mehrere Brauereien wurden demoliert, drei Tage hielten die Krawalle an. 22 Aufrührer wurden verhaftet, ein 76-jähriger Teilnehmer starb, nachdem ein Soldat ihm drei Bajo-

nettstiche versetzt hatte. Georg Herwegh (1817–1875), der revolutionäre Vormärz-Dichter, schrieb ein satirisches Gedicht darüber: »Zu Nürenberg, hier steht's gedruckt,/ Da hat es angefangen;/ Nachdem es lang vorher gespukt,/ Ist´s endlich losgegangen./ Es war ein Schlachten, glaubt es mir/ Als wie vor Trojas Mauern:/ Die Helena hieß ›Bayrisch Bier‹,/ Der Feldzug galt den Brauern. (...) Heil uns, daß noch ein deutscher Mann/ Steht auf der Freiheit Wache!/ Dass er sich noch begeistern kann/ Für eine große Sache!«

Auch in Russland wurde mit dem Alkohol Geschichte geschrieben. Historisch bedeutsam wurde die russische Wodkapolitik mit Ausbruch des Ersten Weltkriegs. Das totale Schnapsverbot durch Nikolaus II. (1868–1918) verringerte die Staatseinnahmen um ein Drittel und schwächte das Regime enorm. Als die Oktoberrevolution 1917 das zaristische Winterpalais in St. Petersburg erreichte, plünderten die Erstürmer nicht zuletzt die dort gebunkerten Alkoholvorräte. Dennoch hielt ihr Anführer, Wladimir Iljitsch Lenin (1870–1924), die Prohibition aufrecht. Und dies, obwohl er ein erklärter Freund der Bierlokale war.

Als der junge Lenin 1890 nach München zog, kam er in einer Gastwirtschaft in Schwabing unter. 1903, anlässlich des Parteitags der russischen Sozialdemokraten in London, trieb er sich mit Vorliebe in Pubs herum – angeblich, um Englisch zu lernen. Im Theater soll er selten mehr als den ersten und zweiten Akt eines Stückes verfolgt haben. Stattdessen schlich er sich aus dem Saal und besuchte die Kaschemmen der Arbeiterviertel, um dort mit den Gästen zu zechen und in ihre rauen Gesänge einzustimmen. Auch die Rednerkanzel soll er zuweilen mit einem Krug Bier in der Hand betreten haben.

Der auf ihn folgende Josef Stalin (1878–1953) war berüchtigt für seine Trinkgelage und starb sogar nach einem solchen. Der Obduktionsbericht diagnostizierte eine Leberverfettung mit starker Tendenz zur Zirrhose. Auf dass er solch einem Schicksal entgehe, ergriff Bundeskanzler Konrad Adenauer vor Moskaubesuchen stets gewisse Vorsichtsmaßnahmen. Um angesichts der erwartbaren Menge Wodka während der Verhandlungen einen klaren Kopf zu behalten, trank er im Vorhinein ein Quantum Olivenöl. Unter anderem soll er auf diese Art Stalins Nachfolger Chruschtschow (1894–1971) beim Treffen 1955 dazu gebracht haben, die letzten deutschen Kriegsgefangenen freizulassen.

Schon Friedrich Engels und Karl Marx (1818–1883), die geistigen Väter der kommunistischen Führer, waren keine Kostverächter gewesen. Am 9. März 1847 zum Beispiel packte Engels der Durst: »Komm doch, wenn es irgend möglich ist, im April einmal hieher. Wir könnten dann einige Zeit höchst fidel zusammen verkneipen. Du musst platterdings aus dem enuyanten Brüssel weg«, schrieb er an seinen Kollegen Marx. Er durfte sich sicher sein, dass sein Wunsch auf Gegenliebe stoßen würde. Schon als Student in Bonn war der Trierer Karl kein Kind von Traurigkeit gewesen. Wegen Ruhestörung und Trunkenheit hatte er sogar einmal im Universitätskarzer eingesessen. Aber auch dort, so liest man, frönten die Insassen dem »Kartenspiel, Fressen, Saufen und Herumhuren«.

Wein, Bier und Schnaps haben Marx lebenslang begleitet, auch in Brüssel, wo er als politischer Flüchtling die Jahre 1845 bis 1848 verbrachte. Intellektuell wie äußerlich verkörperte der spätere Kommunistenführer damals, als Endzwanziger, bereits den Bürgerschreck: »Auf dem Kopf eine dicke schwarze Mähne, haarige Hände, die Kleider schief geknöpft, ungelenke, aber furchtlose und selbstsichere Bewegungen und mit Manieren, die allen städtischen Benimmregeln zuwiderliefen«, so beschrieb ihn der russische Publizist Pawel Annenkoff (1813–1887), der ihn damals kennenlernte. Die Stammkneipe der Emigranten im vergleichsweise liberalen Brüssel war »La Maison du Cygne«, der Schwan. Heute ein schickes Restaurant, handelte es sich zu Marx' Zeiten eher um eine verraucht-verrufene Kaschemme. Die spätgotische Fassade des mehr als 300 Jahre alten Schwans schmückt seit 2006 eine Plakette. Mit Stolz erinnert sie daran, dass Marx und seine Freunde hier die Jahreswende 1847/48 begingen – feuchtfröhlich vermutlich.

Dass revolutionäre Arbeit und bierseliges Vergnügen gern Hand in Hand gehen, belegt schließlich auch eine Erinnerung von Lenins Frau Nadeschda Krupskaja. Darin beschreibt sie den ersten Maiumzug der deutschen Sozialdemokraten 1890 in München. Der Marsch war nur unter der Bedingung gestattet worden, dass er die Innenstadt mied. Also »zogen die deutschen Sozialdemokraten in ziemlich großen Kolonnen mit Kind und Kegel und mit den üblichen Rettichen in der Tasche schweigend im Eilmarsch durch die Stadt, um später in einem Vorortlokal Bier zu trinken.«

Schweigend! Im Eilmarsch! Mit Rettichen als Wegzehrung! Sehr deutsch!

Für die Arbeiterschicht war das Wirtshaus Problem und Lösung zugleich. Hier trank sich der geknechtete Malocher unter den Tisch, bis er nur noch lallte, aber hier bekam er auch eine neue, starke Stimme. Im Kneipensaal wuchs die Arbeiterbewegung zu einer Macht heran, die das autoritäre Regime herausforderte. So sehr, dass Reichskanzler Bismarck 1878 zur Peitsche griff: Die Sozialistengesetze sollten die Gespenster vertreiben, die Marx und Engels gerufen hatten.

Das »Gesetz gegen die gemeingefährlichen Bestrebungen der Sozialdemokratie« trat am 22. Oktober 1878 in Kraft. Es verbot sozialistische, sozialdemokratische und kommunistische Vereine, ebenso die Veröffentlichung von umstürzlerischen Schriften. Das Versammlungsverbot galt nicht nur unter freiem Himmel, sondern auch in öffentlichen Räumen, also zum Beispiel in Kneipen.

Nicht wenige Malocher verloren ihren Job wegen politischer Umtriebe und eröffneten in ihrer Not eine Gaststätte, in der sich dann ihre alten Kollegen trafen. Ließen sie die nun verbotenen Organisationen in ihren Räumen tagen, drohten Sanktionen. Sie reichten von empfindlichen Bußgeldern über den Konzessionsverlust bis zur Gefängnisstrafe. Um die neuen Auflagen durchzusetzen, war den Herrschenden kein Mittel zu schmutzig. Kneipenspitzel wurden in die einschlägig bekannten Arbeiterlokale geschickt, um die Ohren aufzusperren und Bericht zu erstatten.

Die Folge war eine Verlagerung der Arbeiterbewegung ins Klandestine. Viele ihrer Führer flohen ins Ausland, um von dort aus weiter zu wirken. Manche gingen in den Untergrund, lebten unerkannt in der Großstadt und druckten sozialistische Propaganda in geheimen Kellern. Wer so weit nicht gehen wollte oder konnte, dem bot die Kneipe eine zwar nicht ungefährliche, aber praktikable Alternative. Die verfolgten Gewerkschafter und Parteigänger gründeten Tarnorganisationen – Arbeitersportvereine beispielsweise oder solche für Naturfreunde. Sie trafen sich im Hinterzimmer des Wirtshauses und schmiedeten ihre Pläne.

Schon früh zeichnete sich ab, dass die Sozialistengesetze ihr Ziel verfehlen würden. Im Reichstag waren die Sozialisten und Sozialdemokraten durch die Sozialistische Arbeiterpartei Deutschland (SAP) ohnehin weiter vertreten. Die Verfolgung ihrer Wähler stieß eine Welle der Solidarität in der Arbeiterschaft an. Anstatt zu schmelzen, wuchs der Stimmenanteil der SAP mit jeder Wahl: von rund 312 000 im Jahr 1881 und 763 000 1887 auf 1,4 Millionen im Jahr 1890. Mit diesem Ergebnis wurde die SAP zur meistgewählten Partei des Reiches.

Bismarcks Strategie war gescheitert, sein Gesetzespaket nicht mehr zu halten. Eine weitere Verlängerung der Gültigkeit wurde am 25. Januar 1890 vom Reichstag abgelehnt.

REINHEITSGEBOT UND REPUBLIKBEITRITT

Das erste Gastgewerbegesetz mit Bestimmungen für Brauer und Wirte enthält der 4000 Jahre alte Codex Hammurabi. 1516 dann zogen zwei bayrische Herzöge nach: Das Deutsche Reinheitsgebot, nach dem Bier »allain Gersten, Hopffen unnd Wasser«, enthalten soll, gilt bis heute. Für die Weimarer Republik war es sozusagen konstituierend: Bayern machte für seinen Beitritt 1918 zur Bedingung, dass das Gebot beibehalten werde. Ein anderer Passus des Regelwerks verschwand leider mit der Zeit. Er legte fest, dass der Preis für die Maß »ainen pfenning Müncher werung« nicht überschreiten dürfe.

Aqua Mirabilis, vulgo: Schnaps

War der »Sozialdemokratische Saft« gesellschaftlich weitgehend akzeptiert, so verhielt es sich mit seinem kleineren, zugleich stärkeren Bruder völlig anders. Denn Schnaps galt im

Gegensatz zum Bier nicht als unentbehrlicher Baustein proletarischer Kultur. Eher diskutierte man ihn als Werkzeug des Teufels (sprich: Klassenfeinds) zur Schwächung der Arbeiterschaft. »Wer Schnaps trinkt, zahlt freiwillig Steuern, füllt Junkersäckel, ruiniert seinen Körper, zerstört seine Familie, verblödet seine Nachkommen, hilft Irrenhäuser füllen. Arbeiter, meidet den Teufelstrunk!«, hieß es in einer Anzeige aus SPD-Blättern der 1890er-Jahre. Dem scheint zu entsprechen, dass der Essener Stahlriese Krupp bis 1866 kostenlos Schnaps an seine Arbeiter verteilte. Aber auch dort wechselte man danach zum Bier – mit Schnapsleichen baut man keine »Dicke Bertha«.

Die Geschichte des Schnaps beginnt mit einem Missverständnis. Denn lange Zeit betrachtete man *Aqua mirabilis*, das Wunderwasser, nicht als Rauschgetränk. Stattdessen diente es kosmetischen Zwecken, wurde als Grundstoff für Parfum verwendet oder als Medizin eingenommen. Eine Erfolgsgeschichte schreibt in dieser Hinsicht jener Zaubertrank namens Klosterfrau Melissengeist. Das 1827 etablierte Kräuterdestillat der Nonne Maria Clementine Martin (1775–1843) wird bis heute unter anderem gegen Einschlafstörungen, Magen- und Darmbeschwerden eingesetzt. Auch gegen Lampenfieber soll es helfen – kein Wunder bei stolzen 79 Volumenprozenten Alkohol!

Schon die Griechen sollen die Technik der Destillation beherrscht haben. Mit ziemlicher Sicherheit jedoch brannten sie keinen Alkohol. Stattdessen nutzten laut Aristoteles vor allem Seefahrer das Verfahren, um Meerwasser trinkbar zu machen. Destillierter Alkohol existiert demgegenüber mindestens seit dem 15. Jahrhundert. Im Jahr 1495 bestellte Jakob IV. von Schottland (1473–1513) beim Kloster seines Vertrauens einige Fässer *Aqua Vita*, vermeintlich als Medizin. Die Menge soll erstaunlicherweise mehreren Hundert Flaschen entsprochen haben. Mark Forsyth vermutet in seinem Buch zur *Geschichte der Trunkenheit* wohl ganz richtig, dass der gute James gar nicht oft genug krank sein konnte, um diese Menge zu vertilgen. Wahrscheinlicher ist, dass er die berauschende Wirkung des Stöffchens kannte und es nicht einnahm, sondern trank. Geschadet hat ihm seine Leidenschaft offenbar nicht. Jakob ist als der beliebteste und erfolgreichste König in die schottische Geschichte eingegangen. Seine Regierungszeit (1488–1513) gilt als Goldenes Zeitalter.

In deutschen Landen entwickelte sich der Schnaps aus dem Most. Gekelterter Obstsaft wurde durch Destillation zu Obstler. Dass Fusel nicht nur Freude bereitet, wusste man sehr früh. Schon 1485 verbot der Nürnberger Magistrat das öffentliche Konsumieren von Branntwein sowie dessen Verkauf an Sonn- und Feiertagen. Weil es Alkohol zunächst nur in Apotheken gab, galten Schnapsverkäufer nicht als echte Wirte und ihre »Branntweinschenken« nicht als anerkannte Gasthöfe. Üblich war der Straßenverkauf, und getrunken wurde Schnaps vornehmlich in den eigenen vier Wänden. So beginnt mit dem Schnaps also auch die Geschichte des einsamen Trinkers.

Im Schnapsrausch komme es zu »Excessen aller Art«, schrieb 1844 ein Aachener Verwaltungsbeamter. Es war die Zeit, da der hochprozentige Trunk in Verruf geriet. Wie die Ordnungshüter, so beklagten auch die Kirche, Politiker und Fabrikbesitzer die schädlichen Folgen übermäßigen Alkoholkonsums. Die gegen Ende des 19. Jahrhunderts erstarkende Frauenbewegung nutzte die Diskussion um den Schnaps, um ihre eigenen Pläne damit zu verbinden. Die Einführung des Frauenwahlrechts ist untrennbar verknüpft mit der Debatte um Abstinenz und Prohibition (siehe Kapitel »Frauen und Kneipen«).

Bier war gut oder wurde zumindest geduldet, Schnaps hingegen böse. Ein beliebtes Motiv der Schnapsgegner wurden die Karikaturen von William Hogarth (1697–1764). In seiner »Beer Street« herrschen Ordnung und Harmonie. Die Geschäfte laufen, die Menschen gehen so friedlich wie gutgelaunt ihrem Alltag nach. Die »Gin Lane« hingegen ist ein Hort des Chaos und des Teufels. Schnapsleichen liegen kreuz und quer übereinander, Streit, Gewalt und Elend regieren die Straße.

Nicht jeder Malocher war so konstituiert, dass er nach ein paar Gedeckchen zufrieden nach Hause ging. Viele fielen durchs Netz, weil sie kein Ende fanden. Die Welt der Industriestädte geriet vor allem an Zahltagen aus den Fugen. Freitags nach der Schicht strömten die Arbeiter mit gefüllter Lohntüte in die Kneipen – wenn sie nicht von ihren besorgten Frauen am Werkstor abgefangen wurden. Die Alkoholsucht der Männer zog weiteres Elend nach sich: eine leere Haushaltskasse, Verarmung, Verwahrlosung, nicht selten auch häusliche Gewalt und Kriminalität. Friedrich Engels schrieb 1845 über *Die Lage der arbeitenden Klasse in England*: »Alle Lockungen, alle möglichen Versuchungen vereinigen sich, um den Arbeiter zur Trunksucht zu bringen. Sein geschwächter Körper, geschwächt durch schlechte Luft und schlechte Nahrung, verlangt mit Gewalt nach einem Stimulus von außen her; sein geselliges Bedürfnis kann nur in einem Wirtshause befriedigt werden, er hat durchaus keinen andern Ort, wo er seine Freunde treffen könnte. Die Trunksucht hat hier aufgehört, ein Laster zu sein, für das man den Lasterhaften verantwortlich machen kann, sie wird ein Phänomen, die notwendige, unvermeidliche Folge gewisser Bedingungen auf ein, wenigstens diesen Bedingungen gegenüber, willenloses Objekt.«

Statistische Erhebungen bestätigen den steigenden Schnapskonsum im Verlauf des 19. Jahrhunderts. Um 1800 lag der Pro-Kopf-Verbrauch von Branntwein in Preußen noch bei 2 Litern. Schon 1820 hatte sich die Menge verdoppelt, und sie stieg in der Mitte des Jahrhunderts auf das Vierfache. Den höchsten Konsum verzeichneten die norddeutschen Provinzen, während man im Süden eher dem Bier treu blieb. 1840 trank der durchschnittliche Bayer übers Jahr 140 Liter Bier – fünfmal mehr als ein Preuße.

KNEIPIER FRIEDRICH EBERT

Friedrich Ebert (1871–1925) wurde 1919 der erste Reichspräsident der Weimarer Republik. Von 1894 bis 1900 jedoch verdient der Sozialdemokrat sein Geld als Kneipenwirt – als Pächter der Wirtschaft »Zur Guten Hilfe« in Bremen-Neustadt. Ebert war nicht besonders stolz auf diesen Abschnitt seiner Vergangenheit, in Lebensläufen unterschlug er ihn. Seine Gegner hingegen versuchten, daraus Kapital zu schlagen. So etwa Adolf Hitler in Mein Kampf *(1923): »Solange zum Beispiel die geschichtliche Erinnerung an Friedrich den Großen nicht erstorben ist, vermag Friedrich Ebert nur bedingtes Erstaunen hervorzurufen. Der Held von Sanssouci verhält sich zum ehemaligen Bremenser Kneipenwirt ungefähr wie die Sonne zum Mond; erst wenn die Strahlen der Sonne verlöschen, vermag der Mond zu glänzen.«*

Die Geschichte der NSDAP ist eng mit verschiedenen Münchner Wirtshäusern verknüpft. Am 24. Februar 1920 wurde die Partei im Hofbräuhaus gegründet. Als langjähriger Treffpunkt und erste Geschäftsstelle diente das Sterneckerbräu in der Altstadt. Im Bürgerbräukeller in München-Haidhausen wiederum starteten Hitler und seine Anhänger am 8. November 1923 ihren Putschversuch, der tags darauf niedergeschlagen wurde. Die Jahresfeier des gescheiterten Aufstands, ebenfalls im Bürgerbräukeller, wählte Georg Elser 1939 für sein Bomben-Attentat auf Hitler und dessen Führungsriege. Hitler überlebte, die Putschfeiern wurden fortan in den Löwenbräukeller verlegt.

Auch die Nationalsozialisten verdammten den Schnaps – zumindest offiziell und natürlich aus anderen Gründen als Marx und Engels. Während Bier 1935 in den »Reichsnährstand« erhoben wurde, galt Hochprozentiges als »Rasseschädling«, Alkoholiker landeten in Gewahrsam. Der völkische Staat »muss dafür Sorge tragen, dass nur wer gesund ist, Kinder zeugt, dass es nur eine Schande gibt: bei eigener Krankheit und eigenen Mängeln dennoch Kinder in die Welt zu setzen«, hatte Adolf Hitler schon 1923 in *Mein Kampf* geschrieben. Alkoholismus zählte zu den angesprochenen »Mängeln«.

Suchtkranke galten dem Nazi-Regime als »Asoziale«, die aus »rassehygienischen Gründen« in Konzentrationslagern landeten. Sie standen auf einer Stufe mit »Bettlern, Prostituierten, Zuhältern, sexuell freizügigen Frauen, Landstreichern, nach Zigeunerart herumziehenden Landfahrern und Personen, die ihre Unterhaltspflicht vernachlässigen«. Die Deportation ins KZ bedeutete in den allermeisten Fällen den Tod. Weil Alkoholismus als erblich galt, wurden die Kinder von Trinkern häufig sterilisiert.

Gleichzeitig ist es kein Geheimnis, dass Schnaps an der Front eine Rolle spielte – man belegte ihn mit dem zynisch-albernen Begriff »Offensivwasser«. Darüber hinaus wurden die Wehrmachtssoldaten mit Methamphetamin in den Kampf geschickt. Der unter dem Namen »Pervitin« vertriebene Wirkstoff kommt dem heutigen Crystal Meth gleich. Ebenso unstrittig war Adolf Hitler spätestens ab 1943 physisch wie psychisch von verschiedenen Medikamenten abhängig. Sein Reichsmarschall Hermann Göring frönte schon seit den 1920er-Jahren seiner Morphiumsucht. Eine bedeutende Rolle spielten Drogen und Alkohol schließlich auch in den KZs der Nazis. Viele der Wächter ertrugen die eigene Grausamkeit nur im Schnapsnebel, und Erschießungskommandos wurden von der Lagerleitung gezielt mit Alkohol versorgt, um etwaige moralische Skrupel zu betäuben.

Dass Kneipen auch als Treffpunkte der Arbeiterbewegung und des Widerstands dienten, war den Nazis durchaus bewusst. Die entsprechenden Gaststätten standen ab 1933 unter Beobachtung, Spitzel berichteten vom Innenleben. Viele sozialdemokratische und kommunistische Wirte wurden zur Aufgabe ihres Lokals gezwungen, nicht wenige landeten in Konzentrationslagern. Aber auch der des Widerstands unverdächtige Kneipengast musste seine Zunge hüten. Denunziert wurden nicht zuletzt die sogenannten »Flüsterwitze«, die im Nationalsozialismus zu Hunderten kursierten. Die Rede vom »Gröfaz« (Größter Feldherr aller Zeiten) und der Kurzdialog »Heil Hitler! – Heil du ihn doch!« waren genauso gängig wie etwa Anspielungen auf des Reichsmarschalls Fettleibigkeit: »Wann ist der Krieg zu Ende? Wenn Göring in die Hosen von Goebbels passt.«

Wer dabei erwischt wurde, Derartiges zum Besten zu geben, musste mit einer Anzeige rechnen. In Frage kamen die Delikte Beleidigung, Verstoß gegen das Heimtückegesetz sowie gegen Ende des Kriegs die Wehrkraftzersetzung.

DIE NAZIS UND DER KNEIPENKARNEVAL

Die Kneipe als tendenziell anarchischer Ort war auch für die Nazis schwer zu kontrollieren. Das galt erst recht, wenn die Stimmung überkochte. Deshalb wurden im rheinischen Karneval die Bilder des »Führers« in den Kneipen vorsichtshalber abgehängt. Man fürchtete defätistische Attentate und Spottverse des angeheiterten Narrenvolks. Dasselbe galt für parodistische Kneipenlieder. Ein bekannter Durchhalteschlager von Lale Andersen aus dem Jahr 1942 war in der folgenden Umdichtung populär: »Es geht alles vorüber, es geht alles vorbei, erst geht der Führer und dann die Partei.«

Die radikalen Alkoholgegner in der Arbeiterschaft sollten sich schlussendlich nicht durchsetzen. Zumindest das Bier blieb klassenkonform. Bis heute gilt es als bodenständiges Getränk, auch wenn die Werbung viel Gewese um »Premium Pils« und ähnlichen Humbug macht. In der Kneipe stand Bier nie in einem Konkurrenzverhältnis zum Schnaps. Im Gegenteil, eher dient es diesem als eine Art Alibi, indem es ihn hin und wieder zum Duett lädt: Als (Herren-)Gedeck, Rentnerfrühstück, Lütt un Lütt oder Lüttje Lage gehen ein Bier und ein regional unterschiedlicher Klarer häufiger über die Theke als ein einzeln bestellter Kurzer. Bleibt die Frage, warum man Wein und Bier genussvoll, Schnaps aber mit verzerrtem Gesicht trinkt. Wegen des Klassenverrats? Weil Medizin nicht schmecken darf? Am ehesten vielleicht, weil Schnaps die größere Herausforderung darstellt. Indem der Trinkende den Schmerz auf seinem Gesicht abbildet, kostet er zugleich die Bezwingung desselben öffentlich aus – und spiegelt sich so in der Bewunderung seiner Kumpels. Jenseits dessen gilt für viele Schnapstrinker wohl einfach, dass sie hin und wieder gern einen Korn kippen, weil der Weizen im letzten Sommer so schön in der Sonne schaukelte.

VOM WIRTSCHAFTSWUNDER ZUM WIRTSCHAFTSSTERBEN – GEGENWART UND ZUKUNFT

Zwei Ereignisse der Nachkriegszeit veränderten die Kneipenhistorie nachhaltig: der Beginn des Fernsehzeitalters und die Studentenbewegung. Starten wir chronologisch, also mit dem »Flimmerkasten«.

3:2 FÜR DEUTSCHLAND

Die Geschichte des Fernsehens begann 1935 in Berlin. Aber der Krieg sowie danach die Restriktionen der Besatzungsmächte sorgten für einen frühen Bruch. Erst am 21. (DDR) beziehungsweise 25. Dezember 1952 (BRD) war es in Deutschland dann wieder soweit: DFF und ARD strahlten ein regelmäßiges Fernsehprogramm aus. Das neue Medium verzeichnete schnelle Erfolge. Die elfstündige Übertragung der Krönung von Elizabeth II. im Sommer 1953 fesselte die Massen. Und zu einem echten Straßenfeger wurde die Übertragung der Fußball-WM von 1954, bei der sich die Mannen um Fritz Walter die Krone aufsetzten.

Für die privaten Haushalte war ein Fernsehapparat zunächst unerschwinglich. Und damit schlug die Stunde der Wirtsleute. Mit der Investition in solch ein Gerät füllte man das Lokal und amortisierte die Kosten binnen Kurzem. Die Soziologen Dröge und Krämer-Badoni schreiben, dass sich die Kneipe damals strukturell veränderte – weg von der reinen Trinkstätte, hin zu einer Art öffentlichem Wohnzimmer: »Die Tische erhalten Häkeldeckchen und Blumenväschen, der einfache Holzstuhl wird durch Polsterstühle ersetzt, und in einer Ecke residiert der postamentierte Fernseher.« Nicht selten waren die Apparate mit einem Münzautomaten versehen: eine halbe Stunde Fernsehen = 1 Deutsche Mark.

Aber der Trend sollte sich umkehren. Was als Segen für das Kneipenwesen begann, wurde zum Fluch. Im Laufe der 1960er-Jahre wurden die Geräte billiger, jedermann konnte sich plötzlich eines leisten. In der Folge trank man sein Bier nicht mehr in der Wirtshaft auf der Ecke, sondern zuhause vor der Glotze. Das Wirtschaftswunder zog seine Kreise, die Fernsehwelt expandierte. 1963 nahm das ZDF seinen Betrieb auf, im Jahr darauf dann auch erstmals in Farbe. Erst viele Jahrzehnte später sollten Kneipe und Fernsehen wieder eine Allianz eingehen: Weil der Fußball in die Bezahlsender abwanderte, waren es plötzlich wieder die Gaststätten, in denen man sich zum gemeinsamen Anfeuern traf.

KNEIPEN IM TV, TV IN DER KNEIPE: EINE AUSWAHL

Zum Blauen Bock: *Die Show (1957–1987) wurde in einer nachgestellten Äppelwoi-Wirtschaft aufgezeichnet. Die Kulisse bildeten mit Fachwerkhäusern bemalte Stellwände. Berühmt wurde sie vor allem durch Moderator Heinz Schenk.*

Die Haifischbar *war eine Unterhaltungsshow des NDR (1962–1979). Die Studiokulisse war einer Hamburger Hafenkneipe nachempfunden. In der DDR setzte man auf ein ganz ähnliches Konzept:* Klock 8, achtern Strom *(1964–*

1990) imitierte eine Rostocker Hafenbar. In beiden Fällen wurden vorrangig maritime Schlager dargeboten.

Im Krug zum grünen Kranze: *Den identischen Namen trugen zwei Volksmusiksendungen in der BRD (1969–1989) und der DDR (1983–1991). Letztere wurde im gleichnamigen Lokal am Saale-Ufer in Halle aufgezeichnet.*

Die NDR Talk Show *geht heute über eine Studiobühne. Die ersten Folgen jedoch wurden 1979 im legendären* »Onkel Pö«, *der Musikkneipe in Hamburg-Eppendorf aufgenommen.*

Der Musikantenstadl *(1981–2015) vermittelte den Eindruck einer Gastro-Scheune mit landwirtschaftlicher Dekoration. Dargebracht wurde vor allem Volks- und Blasmusik.*

Der Klügere kippt nach: *2015 versuchte sich Hugo Egon Balder an einer Talkshow in seiner eigenen St. Pauli-Kneipe »Zwick«. Die Sendung wurde nach neun Folgen wegen mangelndem Zuschauerinteresse eingestellt.*

Inas Nacht: *Die 2007 gestartete Talk- und Trinkshow mit Ina Müller entwickelte sich zu einem Renner. Aufgezeichnet wird sie in einer echten Kneipe: »Zum Schellfischposten« in Hamburg-Altona.*

»Kein Gammler-Lokal!«

Die Verbindung von Studenten und Kneipen war stets eine enge. Vielleicht gelten die Jungakademiker zu Unrecht als faul; aber dass sie zu allen Zeiten trinkfreudig waren, lässt sich kaum bestreiten. Bis heute ist die Kneipen- und Clubdichte nirgendwo so hoch wie in Studentenstädten. Das älteste bekannte Regelwerk für studentisches Trinkverhalten in Wirtshäusern stammt aus dem Jahr 1616, geschrieben von einem Blasio Multibibus (»Vielsauf«). Es galt für »beider wein und bier candidaten« und erklärte: »Das Saufen ist ein ritterliches Scharmützel, das mit Kannen, Gläsern und dergleichen Gefäßen ausgetragen wird.«

Im selben Jahrhundert entstanden die ersten Studentenverbindungen, deren Gelage nach festgeschriebenen Ritualen abliefen. Eine echte Studentenkneipe war damals »Auerbachs Keller« in Leipzig. Der junge Goethe verkehrte dort während seiner Zeit als Bummelstudent (1765–1768). Und als er später an seiner *Faust*-Tragödie arbeitete, griff er auf die Erfahrungen jener Jahre zurück. Die Szene in »Auerbachs Keller« ging in die Weltliteratur ein: Mephistopheles erheitert den betrübten Faust, indem er einen Haufen tumber Studenten mit Zaubereien zum Narren hält.

Als Ende der 1960er die Studentenbewegung begann, war es mit entsprechenden Kneipen jedoch nicht weit her. In der Wirtschaft auf der Ecke saßen die Malocher, auch die besseren Bürgerstuben waren für den Bürgerschreck mit langen Haaren und Hippieklamotten keine Option. Willkommen war er selbst in den szene-affineren Läden der Jugendkultur nicht, wie auch APO-Protagonist Fritz Teufel feststellen musste. Als er mit Münchner Kommunarden im Juli 1968 das Tanzlokal »Drugstore« enterte, drehte der Geschäftsführer kurzerhand die Musik aus. In der Schwabinger »Seerose« wiederum wurde man vom Wirt hinauskomplimentiert: »Sie brauchen sich nicht niederzusetzen. Sie werden hier nicht bedient. Wir sind kein Gammler-Lokal.« Teufel griff daraufhin nach einem Teller mit Leberkäs, Ei und Salat, den er dem Gastronomen an den Kopf warf.

Die Nagelprobe

Studentenverbindungen pflegen bis heute das Ritual der »Nagelprobe«, erstmals erwähnt in der sächsischen Hoftrinkordnung von 1606. Um zu prüfen, ob das Glas ordentlich geleert wurde, wird es umgedreht. Rinnt mehr Flüssigkeit heraus, als auf einen Daumennagel passt, ist der Proband durchgefallen.

Die Alternative zu solchen Eskapaden war, sich eigene Orte zu schaffen. Und das taten die Studenten. Zahllose Uni-Laufbahnen endeten ohne Abschluss, weil die angehenden Akademiker sich zwischenzeitlich umorientierten und von der Alma Mater in die Wirtschaft wechselten. Die Große Koalition ab 1966, die Notstandsgesetze, der Schahbesuch mit dem Tod Benno Ohnesorgs 1967 sowie die Schüsse auf Studentenführer Rudi Dutschke 1968 schweißten die Außerparlamentarische Opposition (APO) zusammen. Altgediente Gaststätten wurden von Jungwirten zu Treffpunkten der Szene umgestaltet. Die Gemälde mit feurigen Zigeunerinnen, bechernden Pfaffen und röhrenden Hirschen wichen politischen Plakaten, Konzert- und Antikriegspostern. Wirtshausstühle wurden durch Second-Hand-Sessel und Sofas ersetzt, in die Aschenbecher drückte man nicht mehr die Reval oder HB, sondern Selbstgedrehte. Und auf dem Tisch standen anstelle der Blumenvasen und Stammtischteller die bauchigen, strohummantelten Chiantiflaschen mit ihren ewig tropfenden Kerzen.

Parallel zur Umwälzung der Kneipenkultur dampfte der Siegeszug der Rockmusik. Was mit Elvis und Little Richard begonnen hatte, fand mit den Beatles und den Stones seine Fortsetzung: eine popmusikalische Welle, der die Erwachsenen fassungslos gegenüberstanden: »Verdirbt unsere Jugend«, »Infernalischer Krach«, »Affenmusik«, lauteten die einschlägigen Urteile der Eltern, Pädagogen und Journalisten. Aber gegen den erotischen Charme von Lennon, Jagger und Co. kamen sie nicht an.

Die 1960er und frühen 1970er wirkten musikalisch noch relativ homogen. Mods, Teds und Rocker bildeten zwar unterschiedliche Subkulturen. Aber noch traf man sich zumeist in denselben Kneipen – was häufig genug zu handfesten Auseinandersetzungen führte. Für eine erste echte Diversifikation sorgte die Diskowelle ab Mitte der Siebzigerjahre. Punk, New Wave, Hip-Hop/Rap, Elektronik sowie die verschiedenen House- und Techno-Stilrichtungen ab etwa 1990 erweiterten auch die Gastrowelt. Jede Szene verlangte nach eigenen Lokalitäten, nach szenespezischen Kneipen, Bars, Clubs und Diskotheken.

Mit der Liberalisierung der Gesellschaft in den 1970ern eroberten sich auch die Homosexuellenkneipen ihren Platz in der städtischen Gastrolandschaft. Gegeben hatte es sie schon immer, die Schwulen- und Lesbenbars. Aber sie hatten sich tarnen müssen. Der regenbogenfarbene Kneipenboom schuf den Homosexuellen ein weitgehend unangefeindetes Leben im öffentlichen Raum. Nicht zuletzt eröffnete er auch heterosexuellen Frauen neue Möglichkeiten. In der Schwulenkneipe ging es deutlich friedlicher zu als bei den Mackern nebenan, und wollte Frau nicht angebaggert werden, konnte sie hier in Ruhe ihr Bier trinken. Aber auch bei den Homosexuellenkneipen sind die Zahlen heutzutage rückläufig. Wer ein schnelles Date sucht, geht nicht mehr in die Bar, sondern ins Internet.

Im Grunde ist natürlich jedes Lokal eine Szenekneipe. Im Dorfkrug trifft sich die Dorfszene, und jede städtische Pinte zieht das ihr gemäße Publikum an. Gemeint ist mit »Szenekneipe« aber vor allem jener Schuppen, der gerade »en vogue« ist. Die Kölschrocker von BAP schrieben 1979 auf die Melodie von »Wild Thing« (The Troggs, 1966) ein satirisches Cover namens »Wahnsinn«. Darin geht es um den neuen, total angesagten Laden mit »Neonröhren« und »Dosenbier«, von dem alle »Jungtalente un Studente« glauben, dass man da ab sofort auf der Platte stehen müsse: »Wahnsinn, do jommer och hin./ Wahnsinn, dat darf nit wohr sinn./ Baby, do jommer hin, janz unbedingt. Jawoll ja!«

Wie Dröge und Krämer-Badoni verortet auch BAP-Songschreiber Wolfgang Niedecken in Szenekneipen vor allem die urbane Studenten- und Künstlerszene. Proletarische Jugendbewegungen sind tatsächlich die Ausnahme und existierten in der Vergangenheit eher in Großbritannien als hierzulande (Mods, Teds, Skins). Der politische Anspruch der aus der APO-Zeit hervorgegangenen Kneipen verlor sich im Laufe der 1980er. Die soziale Idee wich einem individuellen Karrieredenken, am Tresen machte der Hippie dem Yuppie Platz. Eine echte Ausnahmefigur in diesem Dschungel der Strebenden schuf der Musiker und Schriftsteller Sven Regener mit seinem *Herr Lehmann*. Während um ihn herum alle Anwälte, Mediziner und vor allem Künstler werden wollen, ist Frank Lehmann völlig zufrieden mit dem, was er ist: Kellner in einer Berliner Kneipe. In eine Krise gerät er erst durch seinen anstehenden dreißigsten Geburtstag. Während er sich aus Frust übers Altwerden in verschiedenen Kreuzberger Kneipen betrinkt, entgeht ihm, dass die Welt in dieser Nacht des 9. November 1989 eine Umwälzung erlebt: den Fall der Mauer, das Ende des alten, eingesperrten Westberlins.

So »cool« man sich in der Szenekneipe auch fühlen mag, ist sie doch zugleich ein flüchtiges Phänomen. Szenekneipen sind das meist kurzlebige Pendant zur konservativen Stammkneipe. Sie sind solange »in«, bis sie »out« sind – wie jede Modewelle. Die Häkeldeckchen der Nachkriegszeit findet man heutzutage allerhöchstens noch in der Provinz. Die klassische, holzbetonte Studentenpinte der 1970er versammelt nicht mehr junge, sondern eher schon pensionierte Akademiker an ihrem Tresen. Und auch die jeweils jüngste Szenekneipe von heute muss sich früher oder später eine neue Klientel suchen – oder schließen.

KNEIPE ZUHAUSE – DIE KELLERBAR

Während die Jugend rebellierte, holte sich Papa die Kneipe nach Hause. Die rustikale Kellerbar mit ihren Nut- und Federbrettern war ein Phänomen vor allem der 1970er-Jahre. Die Zentralheizung hatte Platz im einstigen Kohlenkeller geschaffen – Raum, in dem sich der Familienvater als Handwerker und Gastwirt beweisen konnte. Auf den Plattenteller der Kompaktanlage (»Ottoversand – Hamburg!«) kamen statt der Kinks und Queen jedoch eher Freddy Quinn und Johanna von Koczian.

Das Kneipensterben

Wer im Sommer einen beliebigen Platz in einer deutschen Innenstadt kreuzt, sieht dort mit ziemlicher Sicherheit Jugendliche mit ihren Bierflaschen sitzen. Man trinkt in der Gruppe, im Freien, das Bier kommt billig vom Büdchen.

Geht es von dort in den Club, ins Stadion oder ins Kino, greift man zum Wegbier, gern auch Fußpils genannt. Der Stopp in der Wirtschaft am Wegesrand ist nicht eingeplant, sprich: Das Ausgehverhalten der jüngeren Generation hat sich verändert – zum Nachteil der Kneipen.

Die Krise fing allerdings lange vorher an. Von den Vereinsheimen mit integrierter Bar war bereits die Rede, ebenso vom negativen Einfluss des Fernsehers. Aber das Kneipensterben hat viele weitere Gründe. Da sind etwa die Supermärkte mit ihren verlängerten Ladenschlusszeiten und Sparangeboten, die keine Gaststätte unterbieten kann. Da sind die Billigflieger, die die Menschen in die Ferne locken. Drei Wochen Sommerurlaub im Schwarzwald, inklusive täglichem Kneipen- oder Restaurantbesuch, verbringt heute kaum noch jemand. Ebenso ist zu reden über die aufgebrochene Einheit von Beruf und Freizeit, von Arbeitsplatz und Heim. Die Menschen pendeln zu ihren Jobs, sind auf Auto, Bus oder Bahn angewiesen – kein Zeitfenster mehr für ein Feierabendbier. Die Ausgehviertel der Städte mögen dank breit gefächertem Angebot noch immer florieren. Aber die proletarische Eckkneipe verödet. Als im England der Maggie Thatcher 1984/85 die Bergmänner streikten, gingen die Gastwirte mit ihnen auf die Straße – konsequent, denn ihr Schicksal war eins. Letztendlich mussten sie die Segel streichen, genau wie ihre deutschen Kollegen. Mit dem Zechensterben, dem Niedergang der Stahlindustrie oder auch den norddeutschen Werftkrisen verschwanden zugleich Tausende von kleinen Kneipen, in denen die Malocher zuvor verkehrt hatten. In der DDR hingegen wurde der Wirtshaustod sogar von oben diktiert. Die Kneipe galt als Hort der losen Zunge, der Disziplinlosigkeit und des Widerstands. Staatschef Walter Ulbricht (1893–1973) forderte von seinen sozialistischen Schäfchen, »sich mit den wertvollsten Schätzen unserer Kunst und Literatur vertraut zu machen« statt »in einer kleinen engen Kneipe Skat zu spielen«.

Wie das Bier nach getaner Arbeit, so ist auch der wochenendliche Frühschoppen längst ausgestorben. Nicht jeder Aspekt dieses Rituals war erfreulich, vor allem die klassischen Hausfrauen weinen ihm sicher nicht hinterher. Aber auch mit dem Schoppen zwischen Messe und Mittagessen stirbt ein Teil einer Kulturform. Um ein paar Zahlen zu nennen: Von den über 70 000 Kneipen, die das Statistische Bundesamt (Destatis) noch 1994 verzeichnete, waren 2018 nur noch weniger als die Hälfte geöffnet (29 515). Allein zwischen 2012 und 2018 sank die Zahl der Schankwirtschaften laut dem Deutschen Hotel- und Gaststättenverband DEHOGA um rund 4000. Und der Abwärtstrend hält weiter an. Schon 2007 hatte das Nichtraucherschutzgesetz den Wirten arg zugesetzt. 2020 schließlich war es die Zwangspause im Rahmen der Corona-Epidemie, die vielen Kneipen den Garaus machte.

Noch schlechter als in den städtischen Vierteln sieht es in ländlichen Gebieten aus. Zahllose Dörfer haben ihren letzten Dorfkrug und damit ihr soziales Zentrum verloren. Dröge und Krämer-Badoni spitzen den Sachverhalt ein wenig zynisch zu: »Wo die alten Dorfgasthäuser in ihrer ursprünglichen Funktion als Nachrichtenbörse und Kommunikationszentrum noch gedeihen, da liegt ein sogenanntes strukturschwaches Gebiet vor.« Das Zitat stammt von 1987, also aus der Zeit vor dem Internet und den »sozial« genannten digitalen Medien. Heutzutage gilt es umso mehr. Kommunikation findet zunehmend am Handybildschirm statt, die Kneipe hat ihre Funktion als Treffpunkt weitgehend eingebüßt. Für die Soziologen ist das nicht nur ein kultureller Verlust. Das Kneipensterben habe auch eine sozialpolitische Dimension, argumentieren sie: »Die Kneipe gehört zentral (...) zum kommunalen Leben. Wo sie fehlt, (...) verstärken sich Haltungen, die man als anti-sozial oder gesellschaftlich beziehungsweise politisch apathisch bezeichnen kann.« Wo sie hingegen existiert, schließen wir daraus, wirkt sie als Garant des sozialen Friedens.

So manches Lokal schließt nicht aus ökonomischer Not, sondern schlicht, weil sich kein Nachfolger findet. Kein Spruch ist dümmer als der vom »Wer nichts wird, wird Wirt«. Denn zum einen bedeutet der Beruf harte Arbeit und lange Arbeitszeiten – wer einmal von mittags bis nachts gezapft, Kästen und Fässer geschleppt hat, kann davon ein Lied singen. Zum anderen sind die Anforderungen an Kneipiers inzwischen enorm gestiegen. Die Wirtschaft erfordert Kenntnisse in Betriebswirtschaft, im Steuer-, Arbeits- und Lebensmittelrecht. Immer ausgefeiltere Auflagen in Sachen Hygiene oder Brandschutz verlangen zudem nach immer neuen Investitionen. Mit ein paar Pils und Frikadellen ist das nicht zu decken.

DIE BIERSTEUER

Der erste Nachweis einer Biersteuer stammt aus dem Ulm des Jahres 1220. Heutzutage ist die Biersteuer eine indirekte Verbrauchssteuer, in Deutschland wie in Österreich bemisst sie sich nach dem Stammwürzegehalt. Das Biersteueraufkommen geht in Deutschland seit Jahren stetig zurück: von 829 Millionen Euro 2001 über 777 Millionen 2005 auf 655 Millionen 2018. Keine Biersteuer wird auf den Haustrunk sowie die ersten 200 Liter eines Hobbybrauers erhoben.

Wer es heute dennoch versucht mit der Gastronomie, der muss sich auch auf die neuen Ansprüche der Gäste einstellen. Bei Übernahmen werden als Erstes die alten Butzenscheiben herausgebrochen. Eigentlich ist es schade darum. Sie geben der Kneipe den Charakter eines Verlieses, sondern sie deutlicher ab vom Alltag. Die Bleifassungen mit ihren bunten, oft bebilderten Scheiben muten archaisch an, und außerdem bricht sich das Sonnenlicht darin sehr vorteilhaft. Klare Fensterfronten hingegen verwandeln die Gaststätte in ein Bistro – und den Kaffee gibt es fortan »to go«.

Mit dem traditionellen Sortiment ist es für moderne Wirtsleute nicht mehr getan. Erlebnisgastronomie heißt das Stichwort, auch der Gang ins Wirtshaus soll als Event inszeniert werden. Beliebt sind Konzepte, die den Konsum mit Amüsement verbinden. Comedy und Kleinkunst, Motto- und Mitsingabende, Slam Poetry, Dinner-Krimi, Table Quiz und Co. sind da führend, aber auch Brettspielabende haben ihre Fans. Flipper und Kicker bevölkern schon lange die Kneipen, und wer Platz hat, stellt eine Tischtennisplatte dazu. Was die Getränke- und Speisekarte angeht, so sollten neben dem lokalen Fass- auch ein paar Craftbiere im Angebot sein. Wasserpfeifen laden zum hippen Schmauchen, der Asbach-Cola von einst wird zum spritzigen Cocktail hochgejazzt, und ohne drei Sorten Rhabarberschorle läuft schonmal gar nichts. Völlig klar auch, dass die alte Mettschnitte in der Thekenvitrine zum veganen Gemüsehappen mutiert. Wörter wie Solei und Toast Hawaii, Herrengedeck oder Durchmarsch sind den neuen Gästen so fremd wie Kisuaheli.

Aber wer weiß. Sterben heißt ja nicht aussterben. Alles kommt wieder. Wahrscheinlich sogar die Kegelbahn.

Exkurs: Die Kneipe im Western

Die Szene fehlt in kaum einem Western: Der Held betritt den Saloon, das Klavier verstummt mitten im Song, alle Gäste drehen sich zur Tür. Er geht zum Tresen, die Stille wird vom Klirren seiner Sporen noch verstärkt. Mit einem kurzen Nicken ordert er Whiskey, den ihm der schwitzende Barkeeper mit flackernden Augen über die Theke schiebt. Ziemlich cool in diesen Momenten: Wenn die Flasche über mehrere Meter in die geöffnete Pranke des Mannes schliddert. Er zieht den Korken mit den Zähnen, spuckt ihn aus und nimmt den ersten, sehr tiefen Schluck. Wenn er die Flasche absetzt, sind seine Augen verkniffen, das Gesicht schmerzverzerrt vom beißenden Schnaps. Kurz schüttelt er sich.

Und gleich wird jemand sterben.

Der Mythos Wilder Westen kam nicht erst mit dem Fernsehen nach Europa. Er wurde geboren in den Briefen der ersten Auswanderer, die vor der Armut in die Neue Welt geflüchtet waren. Und er wurde vertieft durch die Tourneen echter Westerner. 1890 gastierte Buffalo Bill Cody mit seiner Wild-West-Show in Berlin, mit Hunderten Indianern, Ponys und sogar Bisons. Zur selben Zeit schrieb Karl May seine Hauptwerke *Winnetou* I bis III und löste damit eine Welle der Wild-West-Begeisterung aus. Heute vergessen, aber in der Weimarer Republik ein Star: Erich Rudolf Otto Rosenthal aus Magdeburg (1885–1954). Als kleiner Junge hatte er auf Buffalo Bills Schoß gesessen. Später lieh er sich den Vornamen seines Idols und wurde als Billy Jenkins zum Helden zahlreicher Wild-West-Heftchen. Billy galt als so gesellig wie trinkfest, und er hatte einen Hang zur sympathischen Flunkerei. In den Goldenen Zwanzigern des letzten Jahrhunderts brillierte er als Lasso- und Messerwerfer, Kunstreiter und -schütze, Greifvogeldompteur und Schauspieler – ein Star

QUELLE: BERND IMGRUND

ÜBERRESTE DES LEONIDAION, HOTEL UND WIRTSHAUS IM ANTIKEN OLYMPIA (UM 350 VOR CHRISTUS)

QUELLE: 123RF.COM/IEVGENII FESENKO

DIE CAUPONA DER ASELLINA IN POMPEJI (79 VOR CHRISTUS)

HERTTEL PYRPREW, BIERBRAUER HERTEL, HAUSBUCH DER MENDELSCHEN ZWÖLFBRÜDERSTIFTUNG *(1425)*

QUELLE: HAUSBUCH DER MENDELSCHEN ZWÖLFBRÜDERSTIFTUNG, BAND 1, NÜRNBERG 1426–1549.

FEGEFEUERHAUS
MIT »NOBIS«-MANN.
HOLZSCHNITT,
MAGDEBURG (1493)

QUELLE: HTTPS://COMMONS.WIKIMEDIA.ORG/WIKI/FILE:NOBIS.JPG

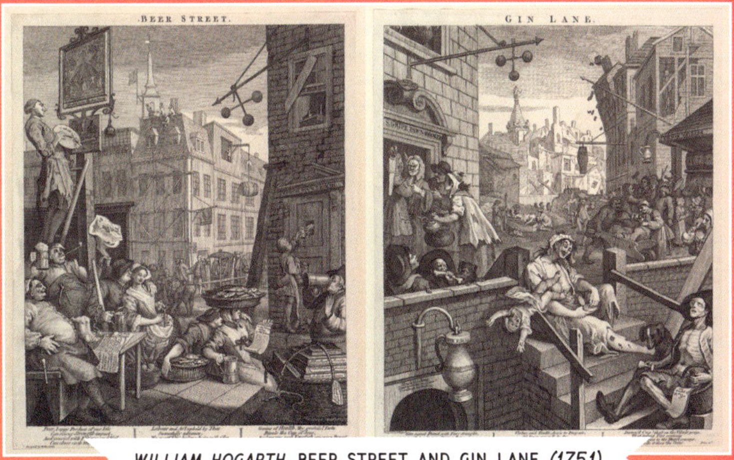

WILLIAM HOGARTH, BEER STREET AND GIN LANE (1751)

QUELLE: HTTPS://COMMONS.WIKIMEDIA.ORG/WIKI/FILE:BEER-STREET-AND-GIN-LANE.JPG

QUELLE: BERND IMGRUND

KLOSTER ANDECHS MIT BRAUSTÜBERL

QUELLE: BERND IMGRUND

KLOSTER ANDECHS, BRAUSTÜBERL

QUELLE: BERND IMGRUND

AUERBACHS KELLER IN LEIPZIG, SCHAUPLATZ AUS GOETHES FAUST

QUELLE: BERND IMGRUND

DER SCHLAPPEN, STUDENTENKNEIPE IN FREIBURG

DIE MULACKRITZE, OFFIZIELL SODTKES RESTAURANT (1900ER-JAHRE)

QUELLE: HTTPS://COMMONS.WIKIMEDIA.ORG/WIKI/FILE:MULACKRITZE2.JPG

DIE MULACKRITZE HEUTE IM MAHLSDORFER GRÜNDERZEITMUSEUM

QUELLE: BERND IMGRUND

QUELLE: SHUTTERSTOCK.COM/DGLIMAGES

DIE JUKEBOX, SYMBOL FÜR DIE ROMANTISCHSTE EPOCHE DER KNEIPENMUSIK

DER RIESE IN MILTENBERG, EINES DER ÄLTESTEN DEUTSCHEN WIRTSHÄUSER

QUELLE: BERND IMGRUND

THEODOR ROMBOUTS, KARTENSPIELER *(UM 1630)*

QUELLE: ALAMY.DE

der Variétes und Zirkuszelte in ganz Europa. Seinen Stammsitz hatte Jenkins ebenfalls in Berlin, wo 1928 das »Haus Vaterland« eröffnete. Dieser Prototyp der Erlebnisgastronomie bespielte einen gigantischen Komplex von 4500 Quadratmetern, der bis zu 2500 Gäste gleichzeitig bewirtete. Ein Highlight der vierstöckigen Gastro-Landschaft: die Wild-West-Bar, in der man von Kellnern mit Cowboyhüten und karierten Hemden bedient wurde.

Der Boden war also bereitet, als Harald Reinl Anfang der 1960er seinen ersten Karl-May-Film in die Kinos brachte. Mit Streifen wie *Der Schatz im Silbersee* (1962), *Winnetou* (1963) und *Old Shatterhand* (1964) verlieh er dem Wild-West-Mythos eine deutsche Färbung. Die Filme verklärten die Kolonialisierung Amerikas zum Kampf Gut gegen Böse, in dem der zivilisierte Europäer (Scharlih), blutsverbrüdert mit dem Edlen Wilden (Winnetou), die Oberhand behält.

DEUTSCHE SALOONS

*Deutsche Einwanderer wurden nicht zuletzt als Bierbrauer berühmt – man denke an Eberhard Anheuser, Adolphus Busch und ihr Budweiser. Laut George Ade (*The Old-Time Saloon*) zeichneten sich die deutschen Saloons neben gutem Bier durch Brezeln, Blutwurst und Sardellen aus. Vor allem Letztere hatten es dem Autor angetan: »They were saltier than the seven Seas. You had to rush to the Bar and drink a lot of Beer to get the Taste out of your Mouth. The Sardellen were more than Fish. They were silent Partners.«*

In den USA beginnt die Geschichte des Saloons um 1800. Das erste so bezeichnete Lokal soll das »Brown's Hole« in Wyoming gewesen sein, das ab 1822 den dortigen Fallenstellern und Pelztier-Jägern einen Treffpunkt bot. Der Begriff Saloon leitet sich vom französischen Salon ab – nicht auszuschließen, dass es die ersten Betreiber nicht so ganz ernst meinten mit dieser Zuschreibung. Denn was man sich unter den frühen Saloons vorzustellen hat, ähnelt nicht mal entfernt den Lokalitäten, die uns der amerikanische Western präsentiert.

Kneipen entstehen grundsätzlich dort, wo Menschen zusammenkommen. Im wilden, in der Eroberung begriffenen Westen hieß das: entlang der großen Eisenbahnstrecken, an Marktplätzen oder auch im Zuge des Goldrausches. Bevor 1848 in Santa Barbara/Kalifornien Gold entdeckt wurde, verfügte der Ort über eine einzige Cantina, wie man die Saloons im Süden, nahe der mexikanischen Grenze bis heute nennt. Wenige Jahre später, auf dem Höhepunkt des kalifornischen Goldrausches, hatte man die Wahl zwischen 30 verschiedenen Kneipen.

Zumindest in ihrer Frühphase handelte es sich bei den meisten Saloons um schlichte Zelte. Wo die nächsten Claims abgesteckt wurden, schlug man Tuch über ein paar Pflöcke und schenkte Drinks aus – eher Schnaps als Bier, weil der leichter zu transportieren und nicht auf Kühlung angewiesen war. Vielleicht lag noch ein grobes Brett über zwei leeren Fässern und offerierte den müden Diggern einen Tresen zum Anlehnen. Gastwirte und Goldschürfer waren gleichermaßen Glücksritter – heute hier und morgen dort. Zelte boten nicht nur den Vorteil, schnell aufgebaut zu sein, sie waren auch mobil einsetzbar: Waren die Goldvorräte erschöpft, zog man weiter flussaufwärts.

Erst wenn aus dem temporären Camp ein festes Dorf wurde, stabilisierte sich auch der Saloon. Das Zelt wurde durch solide Holzwände ersetzt. Machte der Wirt genug Umsatz, veränderte sich bald auch das Innere der Schänke. Sehr beliebt waren europäische Dekors – edle Stofftapeten, blitzendes Messing und hinter dem ausladend barocken Tresen aus Mahagoniholz: der wandhohe und thekenbreite Spiegel.

Aber bei aller Pracht blieben die Gäste doch größtenteils einfache Leute. Statt dem aus dem Ei gepellten Gary Cooper, Robert Mitchum oder James Stewart standen dort eher der deutsche Willy, der polnische Marek oder der irische Patrick an der Theke – allesamt Bauern, die zum Beispiel vom allwöchentlichen Viehmarkt kamen. Viel Staub haben sie geschluckt, jetzt sind sie flüssig und gewillt, den Verdienst in Flüssiges umzusetzen.

Dementsprechend war der größte Feind des schicken Dekors der Schmutz, den die Durstigen importierten. Die Dorfstraßen des Westens waren ungepflastert. Bei feuchtem Wetter vermischte sich der Schlamm der Straße mit dem Kuhmist, der den Farmern noch von zuhause an den Stiefeln klebte. Nach dem Eintritt gelangte der Cocktail in Kontakt mit dem – sicher ebenfalls nicht immer frischen – Sägemehl auf den hölzernen Planken. Stehringe unter dem Tresen boten Gelegenheit zum Abstreifen des Drecks, und ebenfalls dort unten standen die Spucknäpfe für den Kautabak. Der Thekentrinker musste lediglich die Beine spreizen, um seinen stinkenden Pfriem bodenwärts in die bereitstehenden Schüsseln zu entlassen. Legendär in dieser Hinsicht eine Szene aus Howard Hawks Film *Rio Bravo*: Dean Martin als Deputy Sheriff Dude wurde durch eine Frauengeschichte zu einem so halt- wie mittellosen Säufer. Als er im Saloon um einen Drink bettelt, wirft man ihm einen Silberdollar in den

Spucknapf. Erst sein Chef John T. Chance alias John Wayne erlöst ihn aus der zutiefst demütigenden Situation.

Aufgehübscht wurde mit der Zeit auch die Vorderseite des Saloons. Stufen erhoben einen dekorativen Säulengang über die Straße. Anbindestangen dienten als Parkplatz für die Pferde, aufwendig gestaltete Schilder über dem Eingang gaben dem Kind einen Namen. Eine seltsame Mode entwickelte sich: Um ein zweites Stockwerk zu simulieren, wurde die Frontseite des Etablissements weit über die Kante des Flachdachs hinausgezogen. Die Kneipe als Illusionstheater: nicht die schlechteste Analogie!

Während die überdimensionierten Schauseiten historisch belegt sind, verhält es sich mit den western-typischen Schwingtüren eher andersherum. Natürlich gibt es für Helden, Bösewichte und ordinäre Trinker keine lässigere Art, einen Saloon zu betreten, als durch zwei Schwingtüren. Und selbstverständlich wirft man einen renitenten Gast am eindrucksvollsten hinaus, indem man ihn durch die Flügel prügelt. Im kamerafernen Alltag jedoch halten sich Vor- und Nachteile die Waage. Weil die Flügel auf halber Höhe der Zarge in ihren Angeln hängen, bietet die Schwingtür einen gewissen Sichtschutz – das derbe Treiben im männerdominierten Saloon ist so den Blicken der passierenden Bürgersfrauen entzogen. An heißen Tagen lässt die Schwingtür Frischluft in den Raum, die den Nacken der verschwitzten Viehtreiber kühlt ... so weit, so gut. Bei Unwettern und in der Winterzeit sind Schwingtüren jedoch ausgesprochen unpraktisch. Mit offener Tür ist schlecht heizen, und spätestens, wenn der Schnee hereinweht, ist es mit der Gemütlichkeit am Spieltisch vorbei. Im echten Wilden Westen waren Schwingtüren deshalb eher die Ausnahme als die Regel. Und selbst wo sie wirklich installiert waren, wurde der Eingang durch eine solide Tür gedoppelt. Wie hätte der Wirt sein Lokal sonst abschließen können!

Übrigens gehen Kneipentüren, anders als die Türen zuhause, stets nach außen auf. Das hat allerdings weniger mit den Koordinationsfähigkeiten des Betrunkenen zu tun als mit feuerpolizeilichen Vorgaben: Bei Panik würde ein Stau an der Tür zur Katastrophe führen.

Räumen wir auf mit ein paar weiteren liebgewonnenen Klischees.

Etwa dem mit der Sitzbadewanne ...

Gästezimmer suchte man in den Saloons zumeist vergeblich – siehe der simulierte 2. Stock. Dass Kirk Douglas & Co. in einer Blechwanne heiß baden konnten und ihnen die burschikose, seit ihrer Kindheit in sie verliebte Wirtin den Rücken schrubbt, gehört ins Reich der Legende. Mehr als eine Pumpe im Hof dürften die meisten Saloons nicht besessen haben, schmutzige Cowboys wuschen sich im nächsten Tümpel oder Bach, bis irgendwann öffentliche Badehäuser aufkamen. Zum Vergleich: Im deutschen Hotelgewerbe setzte sich gegen Ende des 19. Jahrhunderts der Waschtisch mit eingelassener Wasserschüssel durch. Unter dem Bett stand ein Nachttopf, der den Gang zum außer Haus gelegenen Plumpsklo oder Misthaufen ersetzte. In einem Bericht des Preußischen Landesgesundheitsrates von 1930 heißt es dann, dass »in neuerer Zeit nach amerikanischem Vorbild auch in Deutschland Hotels errichtet werden, in denen jedes Hotelzimmer einen besonderen Baderaum hat, in dem sich meist auch ein Abort befindet.«

Oder die Sache mit den Pokerrunden ...

In einem Song von Willy de Ville spielen Spanish Jack und Gentleman Jim eine Runde Poker. Letzterer betrügt, deshalb tragen sie die finale Runde auf der Straße aus. Jack erschießt Jim, und an der Stelle, wo es um die Beseitigung der Leiche geht, heißt es: Jim war so voller Blei, »it took six Men to move him over«.

Die Feier archaischer Männerriten geht in diesem Lied einher mit blinzelnder Ironie. Und der historische Kontext ist durchaus solide. Natürlich waren Saloons Horte des Glücksspiels. In den schickeren Etablissements der Städte gehörten Würfel- und Roulettetische zum Inventar. Auch die kleineren Lokale offerierten ihren Gästen zumindest einen runden Spieltisch. Aber das Pokern trat seinen Siegeszug erst in der zweiten Hälfte des 19. Jahrhunderts an. Weitaus beliebter bis dahin: Faro, ein Karten-Glücksspiel, das bereits im Jahrhundert zuvor mit französischen Emigranten in die Neue Welt gekommen war. »Faro was by far the most popular and prolific game played in Old West Saloons«, schreibt Kathy Weiser, Chefredakteurin der Website Legends of America, »followed by Brag, Three-card-monte and dice games such as High-low, Chuck-a-luck, and Grand Hazard«. Was immer das war ...

Aber sei es nun Faro oder Poker, jedes Glücksspiel barg die Gefahr, wie bei Spanish Jack und Gentleman Jim in Gewalt auszuarten. Emmett Dalton (1871–1937), Teil der berühmt-berüchtigten Dalton Gang, erzählt in seinen Memoiren von der allerersten Missetat der Brüder. In Santa Rosa, New Mexico entern sie um 1890 eine Cantina und beginnen sofort zu zocken. Als man die Mitspieler beim Pfuschen ertappt, wird Emmetts älterer Bruder Bob ungemütlich: »We will teach theses Greasers a Lesson«, beschließt der Bandenboss. Daraufhin ziehen die Daltons ihre »Six Shooters« und zwingen die rund 50 anwesenden Gäste zur Herausgabe ihrer Geldbörsen: »You People don´t know how to treat Strangers.« Wiehernde Pferde und wilde Luftschüsse begleiten den Abgang der Banditen.

Womit wir bei den Saloonschlachten wären ...

Die Massenkeilerei gehört zum Western wie die Autoverfolgungsjagd mit quietschenden Reifen, wüsten Karambolagen und explodierenden Benzintanks zum modernen Krimi. Auf die Spitze trieben es in dieser Hinsicht stets die Spaßwestern – Schlägereien von Bud Spencer und Terence Hill ähneln eher einer Ballettchoreografie als einem echten Kräftemessen. Flaschen zersplittern auf Köpfen, der Wirt duckt sich hinter dem Tresen weg, sein schöner Spiegel geht entzwei – so gehört sich das im Westernfilm. Dazu passt dann auch, dass der Pianist während des Handgemenges stets weiterklimpert – und wie durch ein Wunder von keinem fliegenden Stuhlbein getroffen wird.

Schlägereien enden normalerweise mit blutenden Nasen, nicht mit Toten. Anders sah es aus, wenn die Schießeisen zum Einsatz kamen. In deutschen Landen waren Waffen seinerzeit längst verbannt aus der Gastronomie. Wanderte ein Bayer oder Thüringer jedoch nach Amerika aus, marschierte er mit seinem Colt in die Kneipe. Das Tragen von Waffen war völlig normal im Wilden Westen – eine Vergangenheit, die der US-Waffenlobby bis heute den Rücken stärkt. Erst allmählich setzte sich die Erkenntnis durch, dass unbewaffnete Konflikte zumeist glimpflicher ausgehen. So war etwa in Tombstone das Tragen von Waffen seit April 1881 verboten. Gewehre, Pistolen und auch Messer mussten beim Betreten der Stadt abgelegt werden. Der nach Silberfunden boomende Ort platzte aus allen Nähten, von überall her waren Abenteurer herbeigeströmt. Unter ihnen: Wyatt Earp und seine hochkriminelle Familie. Weil ihre Widersacher, die Clanton-Bande, sich nicht an das Waffenverbot hielt, kam es am 26.

Oktober 1881 zum wohl berühmtesten Feuergefecht des Wilden Westens: der Schießerei am O.K. Corral.

Damals wurden in Tombstone in 30 Sekunden 30 Schüsse abgegeben. Drei Menschen starben – im Freien. So mancher berühmte Westerner war allerdings auch in Saloongefechte verwickelt. Doc Holliday, Verbündeter der Earps in Tombstone, wurde erstmals 1875 verhaftet. Der Grund: eine Schießerei in einem Saloon in Dallas, wo er sich ausgerechnet mit dem Wirt duelliert hatte.

John Wesley Hardin (1853–1895), nach eigener Aussage ein 42-facher Killer, erwischte es beim Würfelspiel im Acme Saloon in El Paso. Tags zuvor hatte er sich mit Constable John Selman angelegt, auch dieser ein ehemaliger Outlaw. Kurz vor Mitternacht enterte Selman den Saloon und tötete Hardin mit einem Kopfschuss. In die auf den Boden gesunkene Leiche feuerte er drei weitere Kugeln.

James Butler, genannt »Wild Bill« Hickok (1837–1876) wiederum wurde in der Goldgräbersiedlung Deadwood von »Broken Nose Jack« McCall beim Pokern erschossen. Sein letztes Blatt (die zwei schwarzen Asse und Achten sowie eine belanglose Karte) wird seitdem Dead Man's Hand genannt.

Und schließlich beim Whiskey ...

Saloons waren normalerweise reine Trinkstuben. Eine Speisekarte suchte man vergeblich, in größeren Ansiedlungen konnte dem Kneipenraum allerdings ein Restaurant angeschlossen sein. Auf dem Land hingegen vereinte der Saloon oft auch das Postamt sowie den Lebensmittel- und Kramladen unter seinem Dach. Getrunken wurde weniger Wein, sondern vor allem Schnaps und Bier. Beides war mit ziemlicher Sicherheit von weitaus schlechterer Qualität als heute. Bier litt zudem je nach Region und Jahreszeit unter dem herrschenden Klima. Bis der deutschstämmige Brauer

Adolphus Busch ab 1880 die künstliche Kühlung in die Staaten brachte, wurde Bier auf Zimmertemperatur getrunken. Was eben häufig hieß: pisswarm.

Whiskey kann, ja sollte man sogar handwarm trinken, um das volle Aroma genießen zu können. Probleme entstanden hier eher bei der Auswahl der Grundstoffe und der Qualität des Produktionsprozesses. Was im Wilden Westen in die Gläser floss, dürfte sich inzwischen kaum noch Whiskey nennen. Um diesen Titel führen zu dürfen, muss ein Bourbon heutzutage mindestens zwei Jahre im Fass gelagert haben. Erst durch den Austausch mit dem Eichenholz nimmt er seine goldbraune Färbung an und entwickelt seinen spezifischen Geschmack. Die amerikanischen Brenner des 18. und 19. Jahrhunderts hingegen hatten keinen Sinn und keine Zeit für solche Mätzchen. Sie füllten ihren Fusel direkt nach der Destillation ab, das Ergebnis war mithin ein Klarer.

Während echter Bourbon vor allem aus Mais zu bestehen hat, wurde damals alles gebrannt, dessen man habhaft wurde. Also jedwedes Getreide, Obst und Gemüse, das sich zu Schnaps machen ließ. Oder man machte es sich noch einfacher, erstand beim Apotheker Rohalkohol und panschte ihn mit gebranntem Zucker, Kautabak und einer Prise Schießpulver. »In those hardscrabble Days, the Whiskey served in many of the Saloons was some pretty wicked Stuff«, schreibt Kathie Weiser. Die Spitznamen, die das Feuerwasser von damals trug, bedürfen keiner Übersetzung, um zu erahnen, was es damit auf sich hatte: Tanglefoot, Forty-Rod, Tarantula Juice, Taos Lightning, Red Eye oder Coffin Varnish. Offenbar brauchte man als Westerner einen robusten Magen. Böse Zungen behaupten, mit dem Zeug habe man im Saloon nicht kleckern dürfen. Es brannte Löcher in die Theke ...

Erst gegen Ende des 19. Jahrhunderts verbesserten sich die Standards. Das aus Schottland und Irland importierte *uisge beatha*, das Lebenswasser wurde zum Massenprodukt. Die Nachfrage war so hoch, dass selbst kleinere Farmer ins Geschäft einstiegen. Destillierten sie ihren Mais, statt ihn roh zu verkaufen, stiegen ihre Erträge nicht selten um das Zigfache. Whiskey mutierte vom Rachenputzer der Cowboys zum Nationalgetränk, und er wanderte von den staubigen Saloons in die feinen Salons. Bis heute verblüfft den Europäer die Selbstverständlichkeit, mit der die Ewings aus Dallas und der Denver Clan zur Bourbon-Bottle an der Bar greifen, kaum dass sie das Haus betreten haben.

Der Saloon starb mit der Prohibition. Der Alkoholbann zwischen 1920 und 1933 beendete eine Ära. Weder die Speakeasys noch später die Bars und Diners und Pubs konnten sie wiederbeleben. Radios, Juke Boxes und Fernsehapparate passen nun mal nicht in einen Saloon, Kakao und Pfefferminztee ebenso wenig.

Um manche Tradition ist es nicht allzu schade. Im Saloon traf sich eine Männergesellschaft, genauer gesagt: eine weiße Männergesellschaft. Schwarzen, Chinesen und Indianern war der Zutritt normalerweise verboten. Auch in den allermeisten Western spiegelt sich nicht, wie hoch der Anteil ehemaliger Sklaven und Asiaten im Wilden Westen tatsächlich war. Sie wurden ignoriert, aus der Geschichte ausradiert. Ebenso war es unüblich, als Dame einen Saloon zu betreten. Die Frauen, die dort verkehrten, waren Tänzerinnen, Animiermädchen und nicht selten Prostituierte. Den Saloon als eine rassistische Macho-Welt zu beschreiben, ist also durchaus berechtigt. Aber das greift zu kurz. Denn er war zugleich auch eine Bühne, in der Männer noch echte Männer spielen durften.

Der Fortschritt lässt sich nicht aufhalten, sagt man. Im wunderbaren Spätwestern *The Ballad of Cable Hogue* stirbt Jason Robards als Cable unter dem ersten Auto, das er in seinem Leben zu Gesicht bekommt. Aber die Geschichte lebt weiter. Fantasie und Nostalgie, bebildert im Western, bieten ein zuverlässiges Reservoire für Erinnerungen. Die Verklärung der Vergangenheit kann eine Schwäche, aber auch eine Quelle für die Zukunft sein. In dem Western *The Man who shot Liberty Valance* gesteht ein alternder Politiker (James Stewart), dass der Ruhm, den Verbrecher Valance (Lee Marvin) erschossen zu haben, nicht ihm gebührt. In Wahrheit habe der einfache Farmer Tom Doniphon (John Wayne, dem Stewart zugleich die Frau gestohlen hat) ihm damals mit einem Schuss aus dem Hinterhalt das Leben gerettet. Der Zeitungsredakteur, der sich die Geschichte anhört, verbrennt am Ende sein Manuskript und sagt: »This is the West, Sir. When the Legend becomes Fact, print the Legend.«

Den Mythos nicht zerstören, sondern fördern – an diese Vorgabe hat sich der Western, auch der vermeintlich aufgeklärte, immer gehalten. Und wenn das nächste Mal ein Fremder den Saloon betritt, durch die Flügeltüren selbstverständlich, dann wird wieder jemand sterben.

2. TEIL: ZWISCHEN TISCH UND TRESEN – DIE KNEIPE ALS SOZIALER ORT

FRAUEN UND KNEIPEN – EINE EIGENE GESCHICHTE

Erstmals intensiver beschäftigt haben sich mit dem Thema »Frauen und Kneipen« die feministischen Soziologinnen der frühen 1970er-Jahre. Im Gefolge der APO öffnete 1973 in Berlin das erste Frauenzentrum. Verschiedene Frauenprojekte folgten, auch Frauenhäuser und eigene Frauenkneipen. Sich von den männerdominierten Lokalen abzugrenzen, bot manchen Vorteil. Zum Frauentag des Jahres 2020 erzählte die Wiener Autorin und Frauenrechtlerin Erica Fischer dem *Neuen Deutschland*: »Als wir in den 70ern in Wien von unserem Frauenplenum ins Gasthaus gegangen sind, waren da nur Männer. Wie wir angeschaut wurden! ›Jööö, so viele Weiba!‹ Es war unerhört, dass Frauen miteinander in die Kneipe gehen.«

Und so manches depperte Mannsbild kommt da bis heute noch nicht drüber weg.

Ebenfalls mit der APO begann die feministische Aneignung der Kaffeehauskultur. Nach ihren Anfängen am französischen Königshof verbreitete sie sich vor allem von Wien aus. Wie die Kneipe, war auch das Kaffeehaus ein männerdominierter Ort, an dem Frauen allenfalls als Serviererinnen vorkamen. Eine Metamorphose des Kaffeehauses war das in den 1970ern aufgekommene Bistro: klare Fenster statt Butzenscheiben, Rattanstühle statt Hochhocker, Croissants und Teilchen statt Würste und Frikadellen, dampfender Tee und Kaffee statt schnaps- und zigarrengeschwängerter Luft. Die Atmosphäre des Bistros unterschied sich fundamental von der der Kneipe. Frauen konnten dort frei von Belästigung bei ihrem Getränk sitzen, ob allein oder zu mehreren. Der Ton war weniger rau, der Umgang gesitteter als in den männerdominierten Schänken, und man verließ das Bistro in der Regel nicht torkelnd, sondern sicheren Schritts.

Weiblicher Gast, seltener Gast

Jüngere Untersuchungen belegen, dass auch heute noch deutlich mehr Männer in Kneipen gehen als Frauen. Außerdem trinken sie mehr und bleiben länger. Vor allem gilt dies für die Eckkneipen, die Wirtshäuser am Stadtrand und ländliche Gegenden. Aber auch eine urbane Szenekneipe sieht an einem Dienstagabend anders aus als am Wochenende. Da wird aus dem bunt gemischten Club vom letzten Samstag nicht selten wieder jener Männerverein von anno dazumal.

Zwar spielten auch Frauen stets eine Rolle auf dieser feuchtfröhlichen Bühne. Aber sie spielten sie nach den Regeln der Zeitläufte. Das Verhältnis der Geschlechter ist in der Bierstube kein anderes als zuhause, im Büro oder auf der Straße. Insofern spiegelt die Kneipe die Strukturen der Gesellschaft. Und die waren durch die Jahrtausende stets patriarchal.

In der römischen Familie führte der Mann die Geschäfte. Die *matrona* hingegen kümmerte sich um die Organisation des Haushalts. Als Ehefrau hatte sie ihrem Gatten auch sexuell zu gehorchen, eine Scheidung war für sie praktisch unmöglich. Natürlich gingen auch viele Frauen einem Beruf nach, aber ihre Arbeitsfelder waren klar abgesteckt. Sie verdienten sich ihren Lebensunterhalt als Tänzerinnen und Sängerinnen, als Hebammen und Kosmetikerinnen oder eben in der *caupona*.

Auch im Mittelalter waren ihre Rechte eng begrenzt. Frauen unterstanden der Vormundschaft zunächst ihres Vaters und sodann ihres Ehemanns. Eine gewisse Selbstständigkeit erlangten sie erst als Witwen. Wer sich allerdings über das »dunkle Mittelalter« mokiert, sollte sich die jüngste Vergangenheit ansehen. Erst seit 1957 dürfen Frauen in Österreich ein eigenes Konto führen. Ihre deutschen Geschlechtsgenossinnen waren sogar noch fünf Jahre später an der Reihe. Ähnlich sah es bei der Aufnahme eines Berufes aus. Erst seit 1975 (Österreich) beziehungsweise 1977 (BRD) benötigen Frauen dafür nicht mehr die Zustimmung ihres Gatten. Lediglich in der DDR war man seinerzeit schon deutlich weiter.

Widersprüchliche Quellen liefert das Augsburg der Frühen Neuzeit. Schon 1651 scheint es hier eine echte Frauenkneipe gegeben zu haben, wie ein Chronist berichtet: »So wie ein großer Teil des ehrbaren Metzgerhandwerkes das Wirtshaus zum ›Blutigen Wammes‹ fleißig besuchte, ebenso fanden ihre Ehefrauen in dem benachbarten Hause des Methschenkers Jeremias Freymann gesellige Unterhaltung, ja man wollte sogar behaupten, dass es allda zuweilen oft lärmender zuging als bei ihren Männern.« »Zur Weiberschule« habe das Lokal geheißen, und seine Besucherinnen scheinen Wert darauf gelegt zu haben, unter sich zu bleiben: »Einstmals klopfte Jemand an der Türe ihres Trinkgelages; sogleich riefen ein paar Dutzend Weiber: ›Nur herein, was keinen Bart hat!‹ Doch siehe da, es trat ein stattlicher Herr ins Zimmer und grüßte gar höflich die fröhliche Gesellschaft. Allein dieses unberufene Erscheinen entrüstete die vom Wein erhitzten Weiber dergestalt, dass sie den Ankömmling stürmend in ein Nebenzimmer hineinschoben und die Tür verriegelten.«

Ebenfalls in Augsburg konnten Frauen jedoch auch verhaftet werden, wenn man sie ohne Ehemann in einer Schänke antraf. So geschah es etwa der Rosina Leinauer, die 1591 mit dem Uhrmacher-Gesellen ihres Mannes auf einen Schoppen Wein ausgegangen war. Obwohl sie vor Gericht betonte, dass man inmitten vieler anderer Gäste im Hauptraum gesessen habe und im hellen Tageslicht zurückgekehrt sei, blieb das Gericht unbarmherzig. Dies sei kein angemessenes Verhalten für eine ehrbare Frau, beschied man sie. Zieht man weitere Zeitzeugnisse hinzu, muss man der Augsburger Uhrmachersgattin zum glimpflichen Ausgang ihres Falles geradezu gratulieren. Gerade ein Jahr zuvor war eine bayrische Brauerin als Hexe verbrannt worden. Wohl unter der Folter hatte sie »gestanden«, ihren Bierbottich missbraucht zu haben. Eine zeitgenössische Quelle berichtet: »Volgends um den anfang des Monats Julii sind irer (der Hexen, B.I.) bey fünffen in München verbrandt worden. Under welchen eine wolbekannte Prewin gewesen, die ausgesagt sol haben, wie sie und etlich hundert mit ir in dem Mertzenbier, eh sie dies ausgeschenkt, gebadet habe.«

Stand die Geschäftswelt unter männlicher Hegemonie, so galt dies umso mehr für die Kneipen. Frauen konnten sie als Wirtinnen, Kellnerinnen, Animiermädchen oder Prostituierte beleben. Aber als normale Gäste blieben sie die Ausnahme und hatten mit einem ruinösen Ruf zu kämpfen. Während Männer im Rahmen recht weit gesteckter Grenzen in der Schänke »die Sau rauslassen« durften, hatten Frauen Maß zu halten. Tranken sie dem männlichen Urteil gemäß zu viel, galten sie als sozial diskreditiert. »Wiwol di full/ bringt nyemandt ehr/ So schemt sie doch di Weybsbild mehr«, schrieb der Bamberger Humanist und Satiriker Johann von Schwarzenberg um 1512, also sinngemäß: Ehre bringt die Trunkenheit niemandem; aber für Frauen ist sie nochmal deutlich schändlicher.

Der Ausschluss der Frauen aus der Wirtshauswelt hatte nicht nur sozialhierarchische Gründe. Er wurde auch medizinisch-biologisch unterfüttert. Bis ins 18. Jahrhundert hinein galt die seit der Antike bekannte Humoralpathologie als unbestritten. Gemäß der Vier-Säfte-Lehre wurde Männern eine sanguinisch-warme, Frauen hingegen eine feucht-kalte Natur zugeschrieben. Diese passe nicht zum feurigen Alkohol, von dem sie deshalb die Finger lassen sollten. Unter dem Einfluss von Bier und Branntwein, so die Theorie, kocht die Leidenschaft der Frauen über und führt zu unangemessenem, »männlichen« Verhalten. Dass dieses offenbar als vorbildhaft angesehene Männergehabe seltsame Blüten trieb, scheint weder Ärzte noch Gesetzgeber irritiert zu haben. In Augsburg gingen zwischen 1500 und 1700 weniger als 1 Prozent der Trunkenheits-Bußgelder auf ein Frauenkonto. Eine Statistik im Übrigen, die heutzutage nicht viel anders aussieht.

Ebenfalls noch immer nicht ausgestorben: sexistische Vorurteile. Die Frau ohne Begleitung gilt den einschlägigen Mostköpfen als »Luder«, »Schlampe«, billig zu haben. Recht sentimental widmet sich Kenny Rogers dem Thema. Sein Song »Lucille« (1977) erzählt von einer Frau, die den Farmalltag satthat und ausbricht. Sie entert eine Kneipe und will sich abschleppen lassen – auf der Suche nach einer diffusen neuen Freiheit. Ihr Mann, ein Kerl wie ein Baum, findet sie im intimen Gespräch mit einem Fremden. Statt aggressiv zu werden, bricht er in Tränen aus: »You picked a fine Time to leave me, Lucille/ With four hungry Children and a Crop in the Field./ I´ve had some bad Times, lived through some sad Times,/ But this Time your Hurting won't heal./ You picked a fine Time to leave me, Lucille.« Weitaus drastischer kommt demgegenüber der Oscar-prämierte Film *Angeklagt* (1988) zur Sache. Dort wird die von Jody Foster verkörperte Protagonistin in einer Bar Opfer einer Gruppenvergewaltigung. Die übrigen Gäste schauen nicht nur zu, sondern ermuntern die Täter obendrein. »Die will es nicht anders!«, ist der Tenor der Männer.

ORPHEUS UND DIE MÄNADEN

Das Frauen durchaus sanguinisch-feurig zur Sache gehen können, musste der Sage nach der arme Orpheus feststellen. Nach seiner Rückkehr aus dem Hades hatte er dem Dionysos abgeschworen und sich dem strebsamen Apollon zugewandt. Die Mänaden, dauerberauschte Anhängerinnen des Weingotts, waren darüber so empört, dass sie den konvertierten Abstinenzler in tausend Stücke rissen.

Von der männlichen Obrigkeit geduldet wurden weibliche Wein- oder Bierrunden, die zu bestimmten festlichen Gelegenheiten daheim zusammenkamen. Sie bildeten jedoch eher die schmunzelnd tolerierten Ausnahmen von der Regel. So kennt man in Rheinland-Pfalz und Württemberg bis heute den mittelalterlichen Brauch des Weiberzechens: Einmal im Jahr wurden die Fronarbeiterinnen ins Rathaus geladen, um sich von Männern bedienen zu lassen. Ein Beispiel aus dem Örtchen Ochsenbach (bei Ludwigsburg) belegt, dass es dabei ordentlich zur Sache ging. So ist für das Jahr 1836 überliefert, dass 135 Frauen zusammen 126 Liter Wein und 135 Wecken konsumierten. Als der Gemeinderat die Weiberzeche 1798 abschaffen wollte, wusste frau sich zu wehren: »Einige Weiber«, liest man, »zogen mit Äxten in das Gemeindewäldchen und hieben eine der stärksten Eichen um, worauf die Weiber ihre Zeche wieder erhielten.«

Überregional bekannt war demgegenüber das sogenannte Kindbett- oder Kirchzechen. Es schloss sich an den ersten Gottesdienst einer Mutter nach dem Wochenbett an. Berücksichtigt man die hohe Todesrate von Frauen nach Geburten, war dies tatsächlich ein existenzieller Anlass zur Freude. Nachbarinnen, Freundinnen und weibliche Verwandte kamen auf ein paar Schoppen Wein oder ein frisch gebrautes Fässchen Bier zusammen, um das Kind und die frischgebackene Mutter zu begießen. Vor dem Kaffee-, so lernen wir, war offenbar das Bierkränzchen.

Anfügen lässt sich hier schließlich noch die seit dem Mittelalter bekannte Weiberfastnacht (Altweiber). Zum Auftakt des Karnevals stürmen die Frauen das Rathaus und übernehmen für einen Tag symbolisch die Macht in der Stadt. Auch dieser Brauch stellte die männerdominierte Welt für einen Tag auf den Kopf. Im Rheinland entwickelte sich nach dem Zweiten Weltkrieg zudem die Sitte, Männern an Weiberfastnacht die Krawatte abzuschneiden. Damit waren sie dann auch ihrer ganz persönlichen Potenz beraubt – inklusive weiterer Konnotationen unterhalb des Krawattenbereichs. Indem sie den »Beschnittenen« mit einem »Bützchen« (einem Wangenkuss) entschädigten, übernahmen die Frauen auch die sexuelle Herrschaft.

Am nächsten Tag jedoch wurde der Hebel wieder umgelegt, alles war beim Alten. Bräuche brechen nichts auf, sondern befrieden.

VORMITTAGS 9 UHR

Von gesellschaftlichen Restriktionen nicht betroffen war das Bier als Teil der Ernährung. Auch Frauen wurden in dieser Hinsicht ordentlich versorgt, wie ein Dekret des Herzogs Ernst der Fromme von Sachsen-Gotha aus dem Jahr 1648 belegt: »Zum Untertrunk (dem Schluck zwischen den Mahlzeiten, B.I.) vor unsere Frau Gemahlin soll an Bier und Wein, so viel dieselbe begehren wird, gefolget werden; vors gräfliche und adelige Frauenzimmer aber vier Maß Bier und des Abends zum Abschenken 3 Maß Bier; vor die Frau Hofmeisterin und zwo Jungfern und vor die Mägdgen wird gegeben von Ostern bis Michaelis vormittags um 9 Uhr auf jede Person 1 Maß Bier und nachmittags um 4 Uhr ebensoviel.«

BRAUERINNEN UND WIRTINNEN

Frauen brauen – Tausende Jahre lang war das so klar wie Kloßbrühe. Denn Brauen war Heimarbeit, wie Brotbacken oder die Aufzucht der Kinder. Während der Mann auf die Jagd ging oder die Felder bestellte, versorgte die Frau den Haushalt, so war das eben. Von der sumerischen Ninkasi sprachen wir bereits, sie ist so etwas wie die Urmutter aller Bierbrauerinnen. Und zugleich auch die erste Wirtin der Literaturgeschichte. Ihr Braurezept, verewigt in der ihr gewidmeten Hymne, scheint ein Volltreffer gewesen zu sein. Ninkasis Kneipe fand man in einem Garten voller Edelsteinbäume. Aber die Gäste kamen nicht wegen der Diamanten, sondern wegen dem Bier.

Die Dreieinigkeit Hausfrau – Brauerin – Wirtin zieht sich durch alle Kulturen. In der Mythologie der westafrikanischen Gurunsi und Bwaba hat Gott die Frauen dazu auserkoren, für den Biernachschub zu sorgen. Erst das Biertrinken befähigte die Stammesmitglieder zur Aufnahme gekochter Speisen, ein Evolutionsschritt, der in der Religion dieser Völker mit dem Verlust von Fell und Schwanz einherging. Mit anderen Worten: Bier machte sie zu Menschen. Was Ninkasi den Sumerern, war Osmotar den Finnen. In ihrem bis ins 8. Jahrhundert zurückreichenden Nationalepos, der Kalevala, braut sie das erste Bier der Menschheitsgeschichte. Bienen und Vögel, Füchse, Eichhörnchen und Marder helfen ihr bei der Premiere, und die dürstenden Finnen wissen es ihr zu danken. Denn Osmotars Bier, so der Hymnus, »macht der Frauen Münder fröhlich, macht die Männer guter Dinge.«

Göttlich verehrt wurden sie, die brauenden Frauen. Und entsprechend sexuell aufgeladen war der Kult um sie herum. In einem Text aus dem sumerischen Ur aus der Zeit um 2000 vor Christus geht es um die körperlichen Reize einer Schankwirtin. Der unbekannte Autor scheint sich geradewegs ins Delirium zu schreiben: »Mein Gott! Der Wirtin Rauschtrank ist süß, wie ihr Trank ist süß ihre Scham, wie ihre Rede ist süß ihre Scham, ihr Wein so süß, ihr Bier so süß, ihr Rauschtrank so süß.« Deutlich konkreter kommen demgegenüber einige Darstellungen der zeitlich auf die Sumerer folgenden Babylonier zur Sache. Mehrfach begegnet man dort einer Bier trinkenden Frau: Während sie vornübergebeugt mit langem Halm aus ihrem Krug schlürft, dringt ein Mann von hinten in sie ein. Auch in grauer Vorzeit verstand man offenbar schon, das Angenehme mit dem Nützlichen zu verbinden.

Weibliche Hefe

Die ersten Biere verdanken sich einer Spontangärung. In eine Getreidesuppe gelangte die Hefe von Früchten oder aber jene, die sich in kleinsten Mengen auch auf der menschlichen Haut findet. Diese Gemeinschaft von Mikroorganismen unterscheidet sich nach den Geschlechtern, sprich: Weibliche Hefe ist anders – und möglicherweise bier-affiner – als männliche. Weil nun Frauen brauten, weil Braubottiche immer wieder benutzt wurden und sich die Hefe an den Wänden absetzte, wurde dieses weibliche Mikrobiom zur tragenden Kraft jedes folgenden Sudes. Auf diese Art blieb Bier über Jahrtausende »weiblich«.
Ganz ähnlich verhält es sich übrigens auch mit dem Hopfen: Nur die weiblichen Dolden liefern die leckeren Bitterstoffe, männliche Pflanzen dienen lediglich der Zucht und werden hernach aussortiert.

In der Realität blieb von der himmlischen Anbetung der Frau oftmals nicht viel übrig. Freien Athenern war es verboten, eine Wirtin zu ehelichen. Dafür stand dieses Gewerbe zu niedrig. Obwohl Ähnliches für Rom galt, scherte sich offenbar nicht jeder darum. Als der Offizier Flavius Konstantinus Chlorus (250–306) die Gastwirtstochter Helena (um 248–330) kennenlernte, nahm er sie zur Geliebten. Ihr gemeinsamer Sohn, Konstantin, wurde zu einem der großen Herrscher des römischen Reiches. Sobald er 324 die Macht in Händen hielt, verlieh er seiner Mutter den Titel Augusta – Kaiserin. Weil sie außerdem das Kreuz Christi sowie die Knochen der Heiligen Drei Könige aufgespürt haben soll, gilt sie den Christen obendrein als Heilige. Keine schlechte Karriere für ein Mädchen, dem es qua Geburt eigentlich beschieden war, Weinkrüge zu füllen.

Auch im Mittelalter blieb das Bierbrauen zunächst Frauenarbeit. Eine der frühesten wissenschaftlichen Abhandlungen über die Braukunst stammt dann auch von einer Frau: Hildegard von Bingen (1098–1179), Vorsteherin des Klosters Rupertsberg. Als Ärztin und Naturforscherin war sie ihrer Zeit in mancherlei Hinsicht voraus. Einen längeren Absatz in ihrem Buch *Von dem inneren Wesen der Naturen* widmet sie dem Hopfen. Die Pflanze sei zwar bitter, mache die Menschen traurig und trockne die Eingeweide aus. Jedoch verhindere der Hopfen das frühzeitige Umschlagen des Suds – ein Übel, das damals an der Tagesordnung war. Niemand wusste, was nach dem Gärprozess im Kessel schwamm, allzu oft zerstörten Verunreinigungen eine komplette Lage. Hopfen hingegen stabilisiert den Brauprozess, verleiht dem Bier seinen herben Geschmack und sorgt für längere Haltbarkeit. Hildegards Erkenntnis ist auf diesem Hintergrund gar nicht hoch genug zu bewerten. Mit ihrer Feier des Hopfens war sie ihren Brauerkollegen um Jahrhunderte voraus. Denn die setzten noch bis ins späte Mittelalter hinein auf die Grut, während sie dem Hopfen misstrauten.

Die Bingener Benediktinerin scheint jene seltsame Pflanze tief verehrt zu haben. Gehopftes Bier, schrieb sie, verleihe dem Antlitz Farbe und stärke des Trinkenden Fleisch. Hildegard starb mit 81 Jahren, erreichte also ein für ihre Zeit sehr hohes Alter. Ganz bestimmt hatte sie dies nicht zuletzt dem Klosterbier vom Rupertsberg zu verdanken.

Im Kloster hat auch die Karriere einer anderen berühmten Bierbrauerin begonnen: Katharina von Bora (1499–1552), ab 1525 die Frau Martin Luthers. Auf ihrem ehelichen

Anwesen in Wittenberg richtete sie sich eine eigene Braustätte ein. Katharinas Bier wurde ebenso an Luthers Studenten ausgeschenkt wie erfolgreich weiterverkauft. Ab 1543 verwaltete das Paar vor dem Elstertor zudem einen kleinen Hopfengarten, der der Braumeisterin eine noch größere Unabhängigkeit bescherte.

Katharinas größter Fan blieb zeitlebens ihr Gatte. Zuhause trank Luther ihr Bier, wie im Spätmittelalter üblich, zu sämtlichen Mahlzeiten. Auch auf Reisen führte er stets eine Ration mit sich und darbte, wenn der Vorrat zur Neige ging. In einem Brief bittet er Katharina darum, »ein Pfloschen ihres Bieres zu ihm schicken so oft sie könne«. Wenn nicht, käme er schnurstracks wieder zurück nach Hause.

Über Säufer und die Sauferei hat der strenge Herr Luther gar viel geflucht. Er selbst jedoch war weiß Gott kein Kostverächter. »Wer kein Bier hat, der hat nichts zu trinken«, verkündete er einst. Und daran hat er sich, nach allem, was wir wissen, auch persönlich gehalten.

Bis ins 19. Jahrhundert hinein gehörte der Braukessel zur Aussteuer. Die Hausfrau war zugleich Reihenbrauerin und spülte damit ein paar Taler mehr in die Familienkasse. Der Verdrängungswettbewerb auf dem Biermarkt begann mit dem Aufblühen der Städte. Die Heimbrauerin konnte in den eigenen vier Wänden nur beschränkte Mengen produzieren. Die Klostermönche und Zunftbrauer jedoch hatten die Zeit, den Platz und die finanziellen Mittel, um Überschüsse zu erwirtschaften. Sie professionalisierten den Brauprozess in technischer, logistischer und ökonomischer Hinsicht. Frauen waren in den Zünften nicht zugelassen, häusliche Braukessel landeten zunehmend in der Abstellkammer.

Was blieb, war die Frau als Wirtin. Auf dem Land galt dies ohnehin: Betrieb ein Ehepaar neben der Landwirtschaft ein

Gasthaus, stand die Frau diesem vor. Sie organisierte das Personal, hielt die Vorratskammern gefüllt, bereitete die Speisen zu und bewirtete die Gäste. Auch in den Metropolen bedienten häufig Frauen den Zapfhahn: Mütter Courages, die sich in einer Männerwelt aus Pfeifenqualm und Bierdunst behaupteten. Häufig waren es Witwen, die nach dem Verlust ihres Mannes – und mit der dadurch gewonnenen Freiheit – auf die Kneipenkarte setzten. Wie zahlreich sie waren, belegen Gerichtsakten. Ging es um Kneipenschlägereien oder andere Männerhändel, war es fast immer die Frau Wirtin, die den Vorgang nüchtern verfolgt und dem Richter zu schildern hatte.

Aber auch die Existenz als selbstständige Wirtin machten die Zünfte den Frauen streitig. Ab dem 16. Jahrhundert setzten sie verschärfte Restriktionen gegen Wirtsfrauen durch – sei es in Bezug auf Lizenzen zur Betreibung eines Gasthofs oder zum Verkauf von Branntwein. Der Existenzgrundlage entzogen, trieb dies nicht wenige Wirtinnen in die Illegalität. Die amerikanische Genderforscherin Ann Tlusty berichtet, dass im 18. Jahrhundert in Deutschland »insbesondere verarmte Witwen wegen illegaler Betriebsführung von Wirtshäusern verhaftet wurden«.

Die Männer übernahmen, die Frauen mussten weichen. Seit einigen Jahrzehnten jedoch dreht sich die Genderschraube wieder andersherum. Der lange klassisch männliche Ausbildungsberuf des Brauers wird heutzutage immer häufiger auch von Frauen ausgeübt. Den Studiengang zum Diplom-Braumeister beschreiten zwar in der Mehrzahl immer noch Männer, aber auch dort sind die Frauen auf dem Vormarsch. Gleiches gilt für Mikrobrauereien im Rahmen der Craftbier-Welle. Und wie in der Antike, wie im Mittelalter und der Neuzeit arbeiten auch heutzutage in der

Gastronomie sehr viele Frauen. In der klassischen Eckkneipe mögen noch immer vorwiegend Peter, Thomas und Karl-Heinz sitzen. Aber bedient werden sie von Moni, Hilde oder Marie.

STARKE BRAUFRAUEN

Therese Wagner (1797–1858) hatte mit ihrem Mann Anton 1829 die Münchner Augustiner Brauerei übernommen. Nach seinem Tod 1845 führte sie den kleinen Betrieb allein weiter – und entwickelte ihn zur Großbrauerei. Ein Jahr vor ihrem Tod erwarb sie das Brauereigelände an der Landsberger Straße, wo Augustiner bis heute residiert. Im Münchner Stadtteil Freiham ist seit 2020 eine Straße nach ihr benannt.
Mathilde Schneider (1877–1972) stand nach dem Tod ihres Mannes im Jahr 1905 als alleinerziehende Mutter da. Dennoch gelang es ihr, Schneider Weiße zur größten Weißbierbrauerei Süddeutschlands auszubauen. 1907 brachte sie das inzwischen vielfach prämierte Schneider Aventinus auf den Markt – das weltweit erste Weizendoppelbock.
Elisa Raus (geb. 1991) wurde 2019 als erste Frau zur Weltmeisterin der Biersommeliers gekürt. Bei dem Wettbewerb in Rimini/Italien setzte sich die Stralsunderin gegen 79 Mitbewerber aus aller Welt durch. In einem Interview sagte sie danach: »Leider ist man als Frau in der Bierbranche noch immer in der Minderheit. Gerade in meiner Anfangszeit in der Branche bin ich des Öfteren auf Skepsis und Vorurteile gestoßen, wenn ich als blonde junge Frau alteingesessenen Biertrinkern etwas übers Bier erzählen wollte. Das ist sehr schade. Ich hoffe, dass ich durch meine Arbeit und meine Leidenschaft noch viele andere Frauen vom Bier begeistern

kann, damit das Thema ›Bier und Frauen‹ zukünftig nicht mehr für Skepsis sorgt.«

Kellnerinnen

Die Grenzen von der Kellnerin zur Prostituierten waren vom Altertum bis in die Neuzeit hinein fließend. Vor allem lag dies an der katastrophalen ökonomischen Situation der Gastro-Angestellten. Noch im 19. Jahrhundert erhielten sie oftmals weder Lohn noch Logis von ihren Wirten. Sozialdemokratische Kreise schlugen sich auf die Seite der ausgebeuteten Frauen. Dröge und Krämer-Badoni zitieren einen Artikel der *Bremer Bürgerzeitung* von 1895: »In sehr vielen Lokalen mit weiblicher Bedienung wird derselben nicht nur keine Besoldung, sondern auch keine Beköstigung gewährt. In manchen Lokalen muss jede Kellnerin das ihr verabreichte Wischtuch mit 5 Pf täglich bezahlen. Wie ist diese Summe zu erschwingen, wie das übrige Geld, was die Kellnerin gebraucht für Wohnung, Kleidung, Steuern? Diese Frage ist unschwer zu beantworten: Sie muss sich jedem Wüstling in die Arme werfen.«

Streiks oder sonstige Formen von Arbeitskampf waren unter solchen Bedingungen kaum möglich. Selbst wo Kellnerinnen mietfrei wohnten und notdürftig verköstigt wurden, lebten sie in vollkommener Abhängigkeit. Ihr einziger Verdienst bestand im Trinkgeld der Gäste, denen dies durchaus bewusst war – und die diese Notlage sexuell auszunutzen wussten, sofern es ihnen beliebte. Besonders boshafte Zeitgenossen unterstellten den Frauen gar, dass genau dies ihr Ziel sei. Die anonyme Schrift *Das Unwesen der Kellnerinnenwirtschaften in Köln* von 1891 wendet sich gegen die »allgemeine Sittenfäulnis«, die sich vor allem in den Wirtshäusern ausbreite. Bei den Kellnerinnen handele es sich um »ehemalige Dirnen«, die »mit ihrer ganzen raffinierten Lasterhaftigkeit« ihre männlichen Gäste finanziell und moralisch korrumpierten.

Erst ganz allmählich kamen soziale Reformen in Gang. Ins Jahr 1900 fällt der Beschluss, dass Mädchen unter 18 Jahren nicht mehr als Kellnerinnen beschäftigt werden dürfen. Aber eine humane Begrenzung der Arbeitszeit und ein Lohn nach Tarif ließen auf sich warten. Dies lag nicht zuletzt daran, dass Trinkgelder eben schwer flächenübergreifend zu berechnen sind: Im Café auf dem Ku'damm saß das Geld sicherlich lockerer als in der Kaschemme im Wedding. Um 1900 herum arbeiteten Kellner wie Köche häufig 16 Stunden am Stück, ohne freien Tag in der Woche. Vom »Leipziger Park-Hotel« ist eine Arbeitsordnung aus dem Jahr 1913 bekannt. Demnach begann der Arbeitstag der Kellner/-innen morgens um 8 Uhr und endet um Mitternacht. Das änderte sich erst nach der Revolution von 1919. Der Reichstag beschloss die Einführung der Acht-Stunden-Schicht samt eines wöchentlichen Ruhetages. Neben dem Trinkgeld wurde ein festes Grundgehalt eingeführt, verbunden mit der Empfehlung einer dreijährigen Lehrzeit auch für Kellner.

Im Prinzip hat sich in dieser Hinsicht bis heute nicht viel geändert. Seit der Einführung eines Mindestlohns im Jahr 2014 erhalten die allermeisten Kellner und Kellnerinnen genau das: den Mindestlohn.

Abweichende Vereinbarungen können zum Beispiel eine Umsatzbeteiligung beinhalten. Die Bierkellnerinnen des Münchner Oktoberfestes bekommen weder einen Stundenlohn noch einen festen Honorarsatz. Stattdessen kaufen sie dem jeweiligen Wirt das Bier zunächst ab. Mit einem gewissen Aufschlag geht es dann weiter an die Wiesngäste. Während der zwei Festwochen können so zwischen 5000 und 10000 Euro zusammenkommen – je nach Popularität des Zeltes. Aber dafür hat die Frau im Dirndl dann auch harte »Maß«-Arbeit geleistet.

Vielleicht waren es Knochenjobs wie jene auf der Wiesn, die in Österreich zu einer Sondergesetzgebung geführt haben. Anders als in Deutschland gelten dort Frauen in bestimmten Berufen als »Schwerarbeiter«, eine Zuschreibung, die sich interessanterweise nach den durchschnittlichen »Arbeitskalorien« berechnet. Das Gesetz bringt unter anderem Reinigungsfrauen, Paketzustellerinnen und Kellnerinnen gewisse Vorteile. So haben sie etwa die Möglichkeit, schon mit dem 60. Geburtstag bei begünstigenden Abschlägen in Rente zu gehen. Die letzte größere Reform in Deutschland hingegen stammt aus dem Jahr 1980. Damals wurde der Ausbildungsberuf »Kellner/Kellnerin« umgetauft in »Restaurantfachmann/Restaurantfachfrau«. Ganz ohne Reglementierung ausgestorben ist hingegen die Anrede »Fräulein«.

Prostituierte

Asellinas Lokal in Pompeji war kein Bierpalast, sondern eine Pinte. Dass in so einem kleinen Lokal ein Team von drei Kellnerinnen auf die Gäste wartete, ist kaum vorstellbar. Unter anderem deshalb muss man davon ausgehen, dass es sich bei Zmyrina, Aegle und Maria um kellnernde Prostituierte handelte. Während sie im Parterre Essen und Getränke ausschenkten, empfingen sie oben ihre Freier. Einen besonders traurigen Fund machten die Ausgräber in einem Haus an der Straße zwischen der Porta di Mercurio und dem Forum. In einem kleinen Raum, der offenbar dem Bordellbetrieb einer *caupona* diente, fand man die sterblichen Überreste von fünf Frauen. Die dicht zusammengedrängten Skelette waren mit Schmuck behangen. Vermutlich hatten sich die Frauen beim Ausbruch des Vesuvs hier versammelt, um gemeinsam Schutz zu suchen.

Man muss sich von christlichen Wertvorstellungen lösen, um die antike Prostitution einordnen zu können. Schon bei den alten Sumerern lautete das Wort für Kneipe èsch-dam/aschtammu = »Haus der Frau«. Der Altorientalist Volkert Haas geht in seinem Buch über die *Erotik und Sexualität im Alten Orient* davon aus, dass der Ausdruck gleichbedeutend mit Bordell gebraucht wurde. Liest man die Texte der römischen Geschichtsschreiber und Literaten oder betrachtet man die erhaltenen Vasen und Grafitti, dann war die Prostitution ein selbstverständlicher, nicht moralisch diskutierter Teil des antiken Alltags. Bordelle konnten zu Kneipen, Imbissen oder auch Bäckereien gehören, bei den Prostituierten handelte es sich zumeist um (freigelassene) Sklavinnen. Wie in den Städten, so standen den einschlägig interessierten Gästen auch auf Reisen alle Türen offen. Sueton berichtet von Nero, dass er von Rom aus gern an der Küste entlang bis in den Golf von Neapel segelte. Überall waren dort »an den Ufern entlang Tavernen eröffnet worden, die Delikatessen offerierten, während sich ihm die vornehmen Wirtinnen als Gespielinnen anboten«.

Andersherum: Liebesdiener hielt sich anscheinend auch die weibliche Oberschicht des römischen Reiches. Juvenal (circa 60 nach Christus bis circa 120 nach Christus) behauptet in seinen Satiren, dass manch reiche Römerin ihren Lieblingssklaven nach der Pubertät kastrieren ließ, um ihn als Liebhaber zu nutzen. Auf diese Art kam sie in den Genuss eines Gespielen ohne die Gefahr einer Schwangerschaft.

Späte Kastraten sind der Erektion und also auch der Penetration fähig. Beim Orgasmus ejakulieren sie sogar ein Sekret, das allerdings frei von Spermien ist. Ihre Erektion, so sagte man den Eunuchen nach, sei zudem dauerhafter als die der normalen Hodenträger. Ob der römische Dichter hier allerdings echte Rechercheergebnisse präsentierte oder satirisch fantasierte, ist nicht bekannt.

AUS EINEM SUMERISCHEN MANTRA:

»Das schöne junge Mädchen, das auf der Straße steht, das junge Mädchen, die Dirne, die Tochter Inannas (der Liebesgöttin), das junge Mädchen, die Tochter Inannnas, die sich in der Schänke aufhält, ist wie reichliches Fett, reichliche Dickmilch, ist die Kuh, das hohe Weib Inannas.«

(zitiert nach Wolfgang Röllig:
Das Bier im alten Mesopotamien*)*

Pompeji ging 79 nach Christus unter. Wandinschriften belegen, dass ein kleines Brot oder eine Öllampe für 1 As zu haben waren. Ein Glas Wein konnte bis zu 4 As kosten, eine Tunika um die 60 As. Der Durchschnittslohn eines Tagelöhners lag demgegenüber bei 6, der eines Handwerkers bei 16 As. Die Angaben zum Preis von Prostituierten schwanken – wie heute hing das sicherlich vom Äußerlichen der Frau und den angebotenen sexuellen Dienstleistungen ab. Schon bei den Sumerern variierten die Preise – je nachdem, ob die Frau sich nur an die Wand lehnte oder richtig vornüberbeugte. »Schnelle Nummern« waren in Pompeji mit 1 As beglichen, also offenbar für jedermann erschwinglich. Der römische Grabstein eines Mannes aus Isernia listet in anscheinend humoriger Absicht seine letzten Schulden bei der Wirtin seines Vertrauens auf. Neben dem Wein und dem Heu fürs Maultier beglich er 8 As für ein Mädchen. »Auch das geht in Ordnung«, ließ der mathematisch beschlagene Hedonist der Nachwelt via Grabstein mitteilen. Sein Name, recht sprechend: Lucius Calidus Eroticus.

Wiederum in Pompeji lässt sich am besten studieren, wie es um die Bordelle beschaffen war. Das heutzutage bekannteste der Stadt, »Lupanar« genannt, wurde 1862 entdeckt. Es lag ganz typisch an einer Straßenkreuzung. Die fünf Zimmerchen im Erdgeschoss boten eine gewisse Intimsphäre. Über den gemauerten Betten lagen Matratzen, die Wände waren mit Malereien verziert: Sexstellungen, dazu ein Priapus mit mächtigem Doppelphallus. Auch im ersten Stock des »Lupanar« waren fünf Zimmer eingerichtet – allerdings waren sie etwas größer und wohl auch etwas teurer als die im Erdgeschoss.

Insgesamt konnten in diesem Bordell 120 Grafitti identifiziert werden. Neben den Freiern haben sich auch die angestellten Frauen verewigt: *Futula sum hic* – »Hier wurde ich gefickt«, bekennt eine von ihnen freimütig, während ihre Kollegin Myrtis mit dem Spruch *Bene felas* (»Du bläst gut«) gelobt wird. Dass die Kunden ihre Ritzungen häufig mit ihrem Namen unterschrieben, belegt ebenfalls, dass sich seinerzeit niemand für seinen Puffbesuch schämte. Moralische Verurteilungen des Geschäfts mit dem Sex finden sich erst verstärkt in der Spätantike. Bezeichnenderweise trifft es dann jedoch nicht die männlichen Freier, sondern die Bordellwirtinnen und Huren. Im *Codex Iustinianus* von 528 werden solche Wirtinnen als »Kuppelmütter« gebrandmarkt, die vermeintliche Kellnerinnen als Prostituierte anstellen.

Und über diese heißt es: »Dass sich eine Frau öffentlich und gewerbsmäßig hingibt, werden wir von ihr nicht nur sagen, wenn sie sich in einem Bordell prostituiert, sondern auch wenn sie – was häufiger vorkommt – in einer Schankwirtschaft (*taberna cauponia*) oder irgendwo anders ihre Ehrbarkeit nicht wahrt« (zitiert nach Anna Katharina Kieburg).

DIE »HEILIGE HURE«

Den Topos kennen wir nicht zuletzt aus der Bibel: Maria Magdalena wandelt sich von der »Sünderin/Prostituierten« zur Begleiterin Christi, dessen göttliches Licht auch auf sie abstrahlt. Ein sumerischer Dialog folgt dem selben Schema. Es unterhalten sich: ein als Freier auftretender Reisender und eine Kneipen- beziehungsweise Bordellwirtin.
Werbender Freier: Oh, du meine Üppige, du meine Üppige, du meine Üppige. Oh, du meine überaus Verlockende, meine überaus Verlockende. Mutters Honigkuchen! Meine saftige Erbse! Meine Herrin! Das Bier von deinem Korn tut einem gut. Die Kraft und die Glut deiner Bierwürze tut einem gut. Sage sogleich »Ja«, meine geliebte Schwester!
Abwägende Wirtin: Mögest du deine rechte Hand an meine Vulva legen, mit deiner linken Hand streiche mir über den Kopf, wenn du deinen Mund meinem Mund näherst, wenn du deinen Mund an meine Lippen geführt hast, dann schwöre mir den Schwur!
Freier, schwörend: Du bist die Göttin, süß ist dein Charme!
Wirtin, nun lüstern: Oh, meine reine Säule, oh, meine reine Säule, süß ist dein Charme! Alabastersäule, in Lapislazuli eingefasst, süß ist dein Charme!«

Rotlicht-Viertel

Ebenso wie bei den Römern war das Kneipenbordell auch andernorts ein gängiges Modell. Der arabische Starpoet Abu Nuwas (757–815) schrieb zahllose Trinklieder, die Wein, Weib und Gesang feiern. Folgt man seinen Texten, kam der »goldne Wein« stets aus der »Hand eines holden Mädchens« oder eines »lieblichen Knaben«, die ihm in jeder Hinsicht zu Dienste waren. Sogar die heilige Pflicht der Pilgerfahrt gen Mekka bedeutete ihm nichts gegenüber dem »fröhlichen Zechen« und dem »Gang ins Bordell«. Ganz ähnlich scheint man es auch in China gehandhabt zu haben. So weiß man etwa über die von 960 bis 1126 währende Sung-Dynastie, dass die damaligen Wirtshäuser ihren Gästen gleichermaßen Speisen wie Prostituierte bereithielten. Auch dort fand man sämtliche Abstufungen, vom Edelbordell für den feinen Herrn bis zur Spelunke, wie sie Abu Nuwas bevorzugte.

Die Gleichung Kneipe = Bordell galt selbstverständlich nicht überall. Im »Dorfkrug« wird man eher nicht auf Prostituierte gestoßen sein, dort blieb es bei Wein und Würfelei. Die Reisegasthöfe entlang der wichtigen Handelswege waren hingegen anders ausgestattet. Dort war Geld zu verdienen und dementsprechend auch die käufliche Liebe im Angebot. Männliche Handlungsreisende, Geschäftsleute, Touristen und Desperados kamen als Kunden für sexuelle Dienstleistungen in Frage. Wie schon in der Antike mutierten im Mittelalter jedoch vor allem die Städte zu Sündenpfuhlen. Die Zahl der Kneipenbordelle stieg mit der Zahl der Einwohner.

Im Berlin des frühen 20. Jahrhunderts erkannte man »Animierlokale« an der roten Laterne über der Tür. Komposita wie Rotlichtbezirk, Rotlichtaffaire oder Rotlichtkriminalität haben hier ihren Ursprung. Rotlichtkneipen lagen meist in den schlechter beleuchteten Gassen, in denen die Freier unbeobachtet durch die Tür huschen konnten. Ob sie dann im – ebenfalls rötlichen – Schummerlicht Erfüllung fanden, ist ungewiss: »Nicht immer hält das rote Licht, was es dem Wandersmann verspricht«, lautet ein dem Trinker, Dichter und Juristen Waldemar Dyhrenfurth (1849–1899) zugeschriebener Sinnspruch. Zu seinem bekanntesten Kollegen entwickelte sich in der Zeit der Weimarer Republik der in Dresden geborene Heinrich Zille. Seine Zeichnungen aus dem »Milljöh« verbinden Humor und Satire mit zum Teil bitterböser und derb in Szene gesetzter Sozialkritik. Die von ihm portraitierten Straßenmädchen trugen sprechende Namen wie Titten-Erni, Sporen-Jette, Kosaken-Mimi oder Kerzen-Traute. Immer wieder spielten auch Alkohol und Kneipen eine Rolle in den kleinen Geschichten, die Zille seinen Skizzen beigab. Die Bollen-Juste hieß so, weil sie ihrem Macker die Bollen abschnitt, nachdem sie ihn besoffen schnarchend neben seiner Buhle erwischt hatte. Die Lutsch-Liese wiederum kroch angeblich unter den Tischen von billigsten Kellerkaschemmen herum, wo sie ihre Kunden oral befriedigte. Ihren Lohn, ein paar Groschen, hatten die Männer zumeist schon in der Manteltasche deponiert, sodass die Liese gar nicht erst auftauchen musste.

DIE MULACKRITZE

Sie war eine von Heinrich Zilles Stammkneipen und lag in der Mulackstraße, einer kleinen Straße im einst berüchtigten Berliner Scheunenviertel. In diesem »dollen Laden« verkehrten schwere Jungs und leichte Mädchen, Homosexuelle, Transvestiten und alle möglichen Künstler, darunter Bertolt Brecht, Gustav Gründgens, Claire Waldoff und Marlene

Dietrich. 1964, kurz vor dem Abriss, rettete Charlotte von Mahlsdorf (1928-2002), bekennender Schwuler und Transvestit, das Inventar und verfrachtete es 1:1 in sein Museum in Berlin-Mahlsdorf. Unter anderem ist dort die »Hurenstube« zu besichtigen, die sich einst im Obergeschoss der Kneipe befand. Neben einigen recht ausgefallenen historischen Sexspielzeugen steht dort auch ein »Hurenbock«, auf dem sich die entsprechend geneigten Kunden mit Stöcken und Peitschen traktieren ließen.

Prohibition und Frauenwahlrecht

In *König Alkohol* schildert Jack London einen Dialog mit seiner Frau Charmian. Man schreibt das Jahr 1911, Kaliforniens Männer sind dazu aufgerufen, über das Wahlrecht für Frauen abzustimmen. Nach seiner Rückkehr von der Urne fragt ihn Charmian, wie er votiert habe. Jack war dafür, aber seine Begründung klingt eigenartig: »Wenn die Frauen das Wahlrecht erhalten, stimmen sie für die Prohibition. Die Frauen, Schwestern und Mütter, und nur sie sind es, die die Nägel in den Sarg König Alkohols schlagen.«

Man versteht diesen Satz, wenn man weiß, dass Jack London zeitlebens Alkoholiker war. Er starb, unter anderem, an Nierenversagen. Aber nicht nur auf diesem persönlichen Hintergrund spielten Frauenwahlrecht und Prohibition in einer Liga. Beide Bewegungen waren auf das Engste miteinander verknüpft. Schon die ersten National Women's Rights Conventions Mitte des 19. Jahrhunderts verbanden ihre Forderungen nach Gleichberechtigung mit dem Alkoholbann und der Schließung aller Kneipen. Die bigotte Kampfschrift *Ten Nights in a Bar-Room and what I saw there* (1854) von

T. S. Arthur wurde zu einer Art Bibel der Abstinenzlerbewegung. Und die 1893 gegründete Anti Saloon League brachte es schon mit ihrem Namen auf den Punkt: Es ging, wie die *Neue Zürcher Zeitung* im Dezember 1913 schrieb, um »eine amerikanische Nation ohne Wirtshäuser, ohne Alkohol, und das Mittel, das dahin führen soll, das Frauenwahlrecht!«

In den nächsten Jahren wuchs die Vereinigung, unterstützt vor allem vom weißen, puritanisch-protestantischen Mittelklasse-Amerika. Und wie sie Arm in Arm voranmarschiert waren, so kamen sie auch gleichzeitig ans Ziel: Seit 1920 dürfen Frauen in den USA wählen, im selben Jahr wurde mit dem 18. Zusatzartikel zur Verfassung die Prohibition eingeführt.

Das Wahlrecht blieb, die Sache mit dem Alkohol schwankte von Beginn an. Hatten ihr die Großindustriellen in der Hoffnung auf nüchterne Arbeiter zunächst sympathisierend gegenübergestanden, so schwenkten sie schnell um. Die wegen dem Fortfall der Alkoholsteuer eingeführte Einkommenssteuer kostete sie ein Vermögen. Heftig dagegen votiert hatten auch viele deutschstämmige Amerikaner – nicht nur die Herren (Eberhard) Anheuser und (Adolphus) Busch hatten sich in der neuen Welt auf das Bierbrauen verlegt.

Profitieren konnte vom Alkoholbann letztlich nur die Unterwelt. Alkoholschmuggel entwickelte sich zu einem Milliardengeschäft, in den Städten begann die Zeit der Flüsterkneipen. Bis heute sind die Speakeasys ein beliebtes, stets effektvoll inszeniertes Motiv der Gangster- und Mafiafilme: tiefe Nacht, ein Hintereingang in einer finsteren Gasse, gespenstische Stille, und dann geht die bewachte Tür auf, hinter der das von Alkohol, Zigarrenrauch und Wettspielen befeuerte Leben tobt. Kein Wunder, dass die Politik schließlich einknickte. 1933 hob der Kongress die Prohibition wieder auf.

DER TAG DES BIERES

Auch in Island versuchte man sich an der Prohibition. Von 1915 bis 1922 herrschte ein totales Alkoholverbot. Bis Ende der 1980er durfte nur Bier mit einem lächerlichen Alkoholgehalt von maximal 2,25 Prozent vertrieben werden. Aber der Widerstand wuchs, nicht zuletzt wegen des zunehmenden Tourismus. Am 1. März 1989 wurde Bier wieder legal in Island. Das Volk freute sich so sehr über die neue Freiheit, dass man den 1. März zum bjórdagurinn, *zum Tag des Bieres erhob. Seitdem ist es Tradition, dass man in dieser Nacht einen ordentlichen Pub Crawl absolviert.*

In Deutschland verlief die Diskussion nicht ganz so konfrontativ wie in den USA. Aber die Vorzeichen waren dieselben. Frauen waren von Kneipen genauso ausgeschlossen wie von der Wahlurne und dem Parlament. Was lag also näher, als beide Themen auf dasselbe Banner zu schreiben.

Erste Streiche wider Kneipen und Alkohol hatten die Kirchenväter des Mittelalters geführt. Da sie bekanntlich selber ordentlich dem Gambrinus und Dionysos huldigten, ging es ihnen jedoch selten um totale Abstinenz. Eher predigten sie das christliche Ideal des »Maßhaltens«. Ähnlich präsentierten sich die Abstinenzler-, besser Temperenzlervereine ab der zweiten Hälfte des 19. Jahrhunderts. Bürgerliche Sozialreformer gründeten 1883 den »Deutschen Verein gegen den Missbrauch geistiger Getränke« (DVMG), der sich im Kaiserreich einen Namen machte. Sein Ziel: Alkohol bei der Arbeit generell zu verbieten und die Schankzeiten der Wirtshäuser und Verkaufsstätten einzuschränken. Trotz intensiver Lobbyarbeit blieben die Erfolge jedoch bescheiden. Ein Gesetzentwurf zur Eindämmung der Trunksucht kam 1892 gar nicht erst zur Abstimmung. Interessanterweise hatte hier im Vorfeld ein Bündnis von Konservativen und Sozialdemokraten dagegengehalten. Die ostelbischen Junker schützten ihre lukrativen Schnapsbrennereien, die Sozi-Wirte ihre brummenden Arbeiterkneipen.

Die frühen Abstinenzlervereine wurden nicht zuletzt von ihren weiblichen Mitgliedern getragen. Politische Rechte fehlten ihnen ebenso wie ökonomische Kraft. Die Vereinsarbeit bot ihnen demgegenüber die Möglichkeit, ihr gesellschaftliches Leben zu erweitern und einen gewissen Einfluss zu nehmen. Mit dem Anwachsen der Frauenbewegung stieg auch die Zahl der rein weiblichen Vereinigungen. Als Vorbild dienten die erfolgreichen Pionierinnen in England und den USA. Am 17. Juni 1900 gründete die Bremerin Ottilie Hoffmann (1835–1925) den »Deutschen Bund abstinenter Frauen«. Unter anderem eröffnete er billige Esslokale für die Unterschicht, die selbstverständlich nur alkoholfreie Getränke ausschenkten. Parallel dazu rührten die prominenten Frauen in der SPD die Trommel für die Gleichstellung. In ihrer Grundsatzrede auf dem Parteitag in Gotha 1896 rühmte Clara Zetkin (1857–1933) die amerikanischen und englischen Temperenzlerinnen wegen ihrer brillanten PR: Während Flugblätter auf schlechtem Papier schnell im Mülleimer landeten, würden die Genossinnen dort ansprechende »Büchelchen« drucken, die die proletarische Frau gern mit nach Hause nehme.

Einen ersten großen Sieg feierte die deutsche Frauenbewegung 1908, als das Politikverbot für Frauen fiel. Fortan durften sie in Parteien und politische Vereine eintreten. Bis zum Wahlrecht jedoch sollte es noch zehn weitere Jahre dauern. Erst am 30. November 1918 trat das Reichswahlgesetz in Kraft, das ein allgemeines aktives und passives Wahlrecht für Frauen einführte: »Alle Wahlen zu öffentlichen Körperschaften sind fortan nach dem gleichen, geheimen, direkten, allgemeinen Wahlrecht auf Grund des proportionalen Wahlsystems für alle mindestens 20 Jahre alten männlichen und weiblichen Personen zu vollziehen.«

Im Januar 1919 war es dann soweit. Erstmals schritten Frauen zur Wahlurne (wo sie übrigens mehrheitlich konservativ votierten) und durften Frauen gewählt werden. Sie brachten es auf 37 von 423 Abgeordneten, und eine von ihnen, Marie Juchacz (1879-1956) (SPD), hielt am 19. Februar 1919 als erste Frau eine Rede vor der Weimarer Nationalversammlung. »Meine Herren und Damen«, hob sie an und fuhr ungeachtet einiger höhnischer Zwischenrufe fort: »Die Frauen besitzen heute das ihnen zustehende Recht der Staatsbürgerinnen.«

Bezüglich des Wahlrechts hatten die deutschen Suffragetten ihre amerikanischen Geschlechtsgenossinnen sogar überholt – sie kamen knapp zwei Jahre schneller ans Ziel. Was allerdings in Deutschland auf der Strecke blieb, war die Sache mit dem Alkohol. So intensiv wie in den USA hatten die frühen Feministinnen hierzulande ohnehin nicht auf ein Totalverbot gedrungen. Vielleicht war es auch ganz einfach so, dass man sich an das hohe Nationalgut »Bier« nicht wirklich herantraute. Eine zu starke Verflechtung hätte womöglich die weitaus wichtigeren frauenpolitischen Erfolge gefährdet. Einen letzten ernsthaften Versuch startete 1925 die

SPD. Ihr Entwurf für ein verschärftes Schankstättengesetz beinhaltete die Möglichkeit, die Prohibition zumindest auf lokaler Ebene einzuführen. Wie nicht anders zu erwarten, setzten Brauerei- und Gaststättenverband im Vorfeld alle Hebel in Bewegung, um die »Trockenlegung Deutschlands« abzuwenden. Erfolgreich, wie sich herausstellen sollte. Das Gesetz wurde – recht knapp – mit 199 gegen 165 Stimmen abgelehnt.

DER APFELSAFTPARAGRAF

Eine Folge der Diskussionen rund um Alkohol und Kneipen ist der sogenannte Apfelsaftparagraf. Die Vorschrift des deutschen Gaststättengesetzes (GastG) besagt, dass mindestens ein alkoholfreies Getränk höchstens genauso teuer sein muss wie das billigste alkoholhaltige Getränk. In Österreich soll der Gast sogar zwischen zwei entsprechenden Angeboten wählen können. Dadurch sollen vor allem Jugendliche davon abgehalten werden, wegen Geldknappheit zum Alkohol zu greifen. Eine Untersuchung der Landes-Drogenbeauftragten hatte ergeben, dass in 60 Prozent aller Gaststätten Bier oder ein Schnaps das billigste Getränk auf der Karte waren. Die neue Vorschrift trat am 1. Januar 2002 in Kraft. Ihre Einhaltung kontrollieren die Ordnungsämter.

ZU MIR ODER ZU DIR?

Auch jenseits der »käuflichen Liebe« war die Schänke von jeher ein erotisch aufgeladener Ort. Milliarden Menschen haben ihren Partner in einer Kneipe kennengelernt, und noch viel mehr haben es zumindest versucht. Ins Unendliche gehen die kneipeninternen Flirts, Umarmungen und Küsse. Und schließlich war die Kneipe auch unzählige Male Ausgangspunkt für ein kurzes sexuelles Abenteuer, das man weniger romantisch »One-Night-Stand« nennt.

Gerade in den anonymen Zentren der Großstädte treibt die Vereinzelung die Menschen nach draußen. Kneipe, Bar oder Club bieten sich als Singlebörsen an, um jemanden kennenzulernen. Wie manch andere Orte, zum Beispiel die Arbeitsstelle oder der Sportverein, ist auch das Wirtshaus eine Bühne für jene, die auf der Suche sind. Aber gastronomische Treffpunkte bieten ein paar bedeutende Vorteile: die weitgehende Abwesenheit von Leistungsdruck, den enthemmenden Alkohol und je nach dem auch die laute Musik, die intime Gespräche ermöglicht.

Echte Konkurrenz ist der Gastronomie allerdings durch die sozialen Medien erwachsen. Dating-Plattformen im Internet offerieren eine ungleich größere Auswahl an potenziellen Partnern und sind bequem von zuhause aus steuerbar. Außerdem kann in der digitalen Welt jeder Kontakt in Ruhe geprüft und auf Wunsch sofort blockiert werden. In der Live-Situation der Kneipe jedoch ist man dem Anderen ausgesetzt. Die Grenzen zwischen Flirt, Anmache, abschätziger Taxierung und (nicht nur) sexueller Belästigung sind fließend. In der Kneipe mögen die gesellschaftlichen Konventionen gegenüber dem Alltag lockerer sein – man duzt sich, alle agieren auf Augenhöhe. Aber gänzlich aufgehoben sind sie eben nicht. Stil und Anstand müssen auch im Wirtshaus gewahrt bleiben, sonst kommt es schnell einmal zum Eklat. Nicht umsonst steht im Lexikon direkt hinter Amor: Amoral.

Der Eichmeister Eibenschütz

Wer nicht mit der Tür ins Haus fallen will, findet für den Anfang subtilere Möglichkeiten zur Kontaktaufnahme. Der Blick über den Glasrand hinweg, die »zufällige« Berührung, während man seine Jacke aufhängt oder an der Theke nachbestellt – alles kann der Anbahnung einer Romanze dienen. Selbst der Gang zur Toilette kann durch diese oder jene Furt, an dieser oder jener Gästegruppe vorbeiführen und einen flüchtigen Kontakt generieren. Gleiches gilt für etwaige Rauchpausen vor der Tür: In der verschworenen Gemeinschaft der Quarzer überspringt man dank des gemeinsamen Lasters mühelos die ersten Hürden des Kennenlernens.

Schwierig bleibt es hingegen für jene, die auch in der Kneipe nicht aus ihrer Haut können. Und ebenso für die, die es »richtig erwischt« hat. Joseph Roth erzählt in *Das falsche Gewicht*, vom Eichmeister Eibenschütz, der hoffnungslos in die schillernde Kellnerin Euphemia verschossen ist. Ein kleiner Schwips mag für gewöhnlich helfen gegen Schüchternheit und fehlendes Selbstbewusstsein. Nicht so in diesem Fall: »Der Eichmeister Eibenschütz trank, aber nicht, weil es ihn danach gelüstete. Keineswegs! Er trank nur, weil er seit den paar Minuten, in denen die Frau dasaß, vergeblich nach einem passenden Wort suchte, und weil er hoffte, das Wort würde ihm kommen, wenn er nur tränke.«

Der trostlose Eichmeister nahm den Schnaps zunächst als Arznei, also als Mittel. Im weiteren Verlauf der Geschichte wird er ihm jedoch zum Zweck – er säuft sich um Kopf und Kragen. Frustbewältigung statt Lustbefriedigung: Wie so oft haben die menschlichen Phänomene auch in diesem Zusammenhang ihre Entsprechungen im Tierreich. Versuche mit Fruchtfliegenmännchen ergaben, dass die von den Weibchen abgelehnten Exemplare Zuflucht bei vergorenen Früchten suchten, sprich: Sie verfielen dem Suff. Als man im Rahmen einer ähnlichen Studie einer Rattenkolonie Alkohol offerierte, langten nur die Beta- und Omega-Männchen ordentlich zu. Das Alphatier hingegen blieb konsequent abstinent. Ganz offenbar brauchte es für sein Selbstwertgefühl keine Drogen und verschaffte sich seinen Lustgewinn auf andere Art. Außerdem lässt sich ein Thron natürlich nüchtern auch besser verteidigen.

I HOPE THAT I DON´T FALL IN LOVE WITH YOU

Auch der Protagonist dieses Tom-Waits-Songs von 1973 ist auf der Suche. Unweit von ihm sitzt eine schöne Frau, die beiden tauschen über die Tische hinweg Blicke aus. »I hope that I don´t fall in Love with you«, wiederholt der einsame Wolf im Refrain. Als schließlich der Begleiter der Frau das Lokal verlässt, die Chance also da ist, bekommt er Fracksausen: »I hope that you don´t fall in Love with me«, dreht er den Spieß nun um. Aber so oder so wird nichts daraus. Der Mann zögert, bestellt sich noch ein Bier, und als er sich das nächste Mal umschaut, ist die Frau verschwunden. Im selben Moment wird ihm klar, dass er sich tatsächlich verliebt hat. Aber es ist zu spät: »Now it´s closing Time, the Music's fading out/ Last call for Drinks, I´ll have another Stout.«

»Holla di holla di ho«

Die Gastronomie und die Liebe gehen seit Menschengedenken eine – zuweilen recht skurrile – Beziehung ein. Die nahe Verwandtschaft verrät sich schon in der Sprache: Liebe geht durch den Magen, sagt man. Liebende verschlingen sich und sind beim Liebeskampf ineinander verschlungen. Wenn ein Paar Tisch und Bett teilt, dann nimmt der Gemahl das Mahl mit der Gemahlin ein. Und wenn man jemanden richtig mag (mögen! wie Erdnussbutter!), dann heißt es gar: »Ich könnte dich fressen!«

Begehrenswerte Frauen werden hierzulande auch als Schnitte, Torte oder Zimtschnecke bezeichnet (oder besser: gebrandmarkt?). Andernlands können sie auch als Honigtopf, heiße Tomate oder zartes Stück Hammelfleisch daherkommen. Entsprechende Titulierungen für Männer sind rar. Da geht es eher um Größe, Muskeln oder auch deren Kompensation durch einen anständigen Ranzen, man denke an Tiger, Bärchen und Dickerchen. In welchen zwischenmenschlichen Regionen das Geschlechterverhältnis eher sozial oder eher biologisch determiniert ist, sei dahingestellt. Ein paar Auswüchse stammen jedoch eindeutig aus den tiefsten Tiefen unserer Genese. Dazu zählt etwa der Topos der *Vagina Dentata*, der »bezahnten Vagina«. Die durch Sigmund Freud bekannte Horrorvision des Patriarchats illustriert eine männliche Urangst vor der Kastration durch »die starke Frau«, die strafende Urmutter oder dominante Liebhaberin: Ihre Vulva verleibt sich das Glied ein, frisst es sinnbildlich auf. Im selben Licht sind Darstellungen der Vagina als Höllenschlund zu sehen.

Aber es geht auch eine Nummer kleiner, vertrauensvoller und charmanter. Begehren und sexuelle Attraktion müssen nicht zwangsläufig im Tartaros enden. Vom Volk der Jíbaro in Ecuador erzählt der Ethnologe Klaus E. Müller, dass die Männer dort Pulver vom Penisknochen eines Nasenbären abschaben, um es dem Getränk der begehrten Frau beizugeben. Junge Beduininnen in Palästina wiederum schnitten sich die Zehnägel, wuschen sie sieben Mal und weichten sie in Wasser ein, um sie dann ebenfalls in einen aphrodisiakischen Cocktail des Wunschpartners zu mixen. In beiden Fällen soll die Liebe im ganz wortwörtlichen Sinne durch den Magen gehen, der magische Trunk dient als erster Akt des Liebesspiels. Dass die erwähnten Ethnien mit solchen Ideen nicht allein sind, mag ein deutsches Beispiel aus dem Jahr 1972 illustrieren. Da erzählte der Barde Heino in seinem Liedchen »Blau blüht der Enzian« genau die gleiche Geschichte in genau der gleichen Reihenfolge: »In der ersten Hütte, da haben wir zusammen gesessen,/ in der zweiten Hütte, da haben wir zusammen gegessen,/ in der dritten Hütte hab' ich sie geküsst,/ keiner weiß was dann geschehen ist./ Holla hia hia holla di holla di ho!«

Im ein oder anderen Fall will man es gar nicht so genau wissen. Fest scheint jedoch zu stehen, dass der Weg zur Liebe über die Gastronomie führt. Die Lust auf Fleisch und die Fleischeslust: eine einleuchtende und zugleich global gültige Symbiose. Im Grunde genommen lässt sie sich in eine simple Gleichung bringen: Wenn Bier = flüssiges Brot und Essen/ Trinken = Sex, dann ist ein Kneipenabend: die pure Ekstase!

Oder?

MUSIK UND TANZ

In den meisten Fällen erfüllt Kneipenmusik eine identifikatorische Funktion. Das Genre entspricht der Vorliebe und somit üblicherweise auch der Generation der Gäste. Darum wird in der Wirtschaft auf der Ecke eher ein Oldiesender laufen, in der Szenekneipe hingegen elektronische Musik, Indie oder Hip-Hop – jedenfalls so lange, bis diese Stile dann wieder der Geschmack der älteren Generation sind und in die Eckkneipe wandern.

Eine gute Wirtschaft kommt aber auch ohne Musikbeschallung aus. Im Gegensatz zur Diskothek oder zum Club ist Musik nicht konstitutiv für die Kneipe. Ihr Grundgeräusch generieren nicht Instrumente, sondern der Chor der Gäste. Das Wirtshaus ist ein Ort, an dem Menschen zusammenkommen, es lebt von deren Kommunikation. Wenn die funktioniert, funktioniert auch die Kneipe.

»IN VINO VERITAS«

Spricht man von Kneipenmusik, muss man unterscheiden: Es gibt Songs über Kneipen, also solche, die eine irgendwie geartete Kneipen-Story erzählen. Als Beispiel sei der *Little Old Wine Drinker* von Robert Mitchum/Dean Martin genannt, der in der Kaschemme sein Liebesleid herunterspült. Die zweite Kategorie bilden Songs, die für Kneipen (beziehungsweise: für jede Art von alkoholbefeuerter Festivität) geschrieben wurden. Trinklieder sind normalerweise simpel strukturiert und sollen vor allem gute Laune erregen. Das

Spektrum reicht vom schunkelaffinen »Ein Prosit der Gemütlichkeit« von Bernhard Traugott Dietrich (1840–1902) bis zum punkigen »Eisgekühlten Bommerlunder« der Toten Hosen. Hauptsache hoch die Tassen!

Wer in alter Zeit Musik in sein Haus bringen wollte, dem blieb nichts anderes als der Live-Vortrag. Griechen und Römer engagierten Musikanten für ihre Gelage. An Trinkliedern für jedweden Anlass war kein Mangel, so mancher bacchantische Verseschmied lebt fort in seinen feuchtfröhlichen Poemen. Von Alkaios von Mytilene etwa (circa 630 bis circa 580 vor Christus) stammt der berühmte Ausspruch *In vino veritas* (im griechischen Original *οἶνος καὶ ἀλάθεα*). Alkaios galt als leidenschaftlicher Zecher, der den Wein in seinen Liedern als Allheilmittel preist. Gegen Winterkälte wie Sommerhitze, gegen sämtliche Sorgen und ganz allgemein gegen die Angst vor dem Tod: »Nicht soll den Sinn man hängen an Not und Leid./ Was fruchtet es, ob du dich auch sorgst und härmst?/ Das beste Mittel, Freund, bleibt immer,/ Wein sich zu holen und froh zu zechen.«

In dasselbe Horn stieß sein Kollege Anakreon (um 575–495 vor Christus). Die Liebe, die Freundschaft und immer wieder der Rebensaft waren seine bevorzugten Themen. Ging es nach ihm, sollte man das Leben genießen, statt es allzu schwer zu nehmen: »Der sei nicht mein Genoss, der mir zum Weine beim vollen/ Becher von Fehden erzählt und von dem leidigen Krieg./ Vielmehr der in geselligem Frohsinn gerne der Musen/ Und Aphrodites holdseliger Gaben gedenkt.«

Der leichte Ton seiner Lieder fand so viele Nachahmer, dass er ein eigenes Genre begründete: die Anakreontik. Indirekt zeichnet der Grieche sogar für die amerikanische Nationalhymne verantwortlich. Ihre Melodie stammt von einem Trinklied des Engländers John Stafford Smith (1750-1836) aus dem Jahr 1800: »To Anacreon in Heaven«. Sogar Anakreons Einzug in jenen Heaven/Himmel stand unter dem Zeichen des Weines: Der Legende nach starb er ausgerechnet durch eine Traube, an der er sich verschluckte.

ERGO BIBAMUS

Alkaios' Sentenz Nunc est bibendum *ging ebenso als Trinkspruch in die Kultur der Studentenverbindungen ein wie eine ähnliche von Goethe:* Ergo bibamus *(Also lasst uns trinken). Er schrieb das Gedicht 1810 anlässlich des 34. Geburtstages von Königin Luise von Preußen. Tragischerweise starb die Regentin noch im selben Jahr. Goethes Text hingegen feiert das Leben und seine vielen Gelegenheiten, das Glas zu erheben: »Hier sind wir versammelt zu löblichem Tun,/ Drum, Brüderchen! Ergo bibamus./ Die Gläser, sie klingen, Gespräche, sie ruhn,/ Beherziget Ergo bibamus./ Das heißt noch ein altes, ein tüchtiges Wort,/ Es passet zum Ersten und passet so fort,/ Und schallet ein Echo vom festlichen Ort,/ Ein herrliches Ergo bibamus.«*

»Wie die Böcke woll´n wir ranzen«

Spielleute bevölkerten die Wirtshäuser des Mittelalters, die meisten als Multiinstrumentalisten. Flöte und Fiedel, Drehleier und Dudelsack, Hackbrett, Trompete und Schalmei waren die bevorzugten Instrumente. Einen hohen Stand hatten die Musikanten nicht in der sozialen Hierarchie. Als »Fahrende« galten sie als so recht- wie ehrlos, ähnlich den umherziehenden Scherenschleifern, Kesselschmieden und

Wurzelkrämern. Sie durften keine Eide leisten und waren vor Gericht weder als Kläger noch Zeuge zugelassen. Den Argwohn der Sesshaften zogen sie sich nicht zuletzt deshalb zu, weil sie dank ihres mobilen Lebenswandels keiner Obrigkeit direkt unterstanden.

Aber Jahrmärkte und Dorffeste, Hochzeiten, Zunftfeiern und eben die Wirtshäuser verlangten nach Musik, und die gab es damals noch nicht »vom Band«. Dementsprechend hoch war der Anteil der fahrenden Entertainer an der Gesamtbevölkerung. 1460 sollen in Wien 500 der 25000 Einwohner ihre Existenz als Spielleute bestritten haben. Und anlässlich des Reichstags von 1397 in Frankfurt berichtet eine zeitgenössische Quelle von »funftehalp hondert farender lude, so spellude, pifer, dromper, sprecher unde farende schuoler«, die dort ihr Glück suchten. 1520 staunte Erasmus von Rotterdam (um 1467–1536) über die hiesige Wirtshauskultur: »Häufig mischen sich Possenreißer und Schalksnarren in diesen Tumult, und es ist kaum glaublich, welche Freude die Deutschen an solchen Leuten finden.«

Die allermeisten Musikanten des Mittelalters beherrschten keine Art von Notation. In der Regel konnten sie nicht einmal schreiben. Ihre Lieder kannten sie auswendig, deshalb existieren keinerlei Aufzeichnungen davon. Leider. Beispielhaft für ihre Texte mögen die *Carmina Burana* sein, die benediktbeurische Lieder aus dem 11., 12. Jahrhundert. *In taberna*, »In der Schenke« heißt einer der von Carl Orff (1895–1982) vertonten Texte. Wie so oft in Trinkliedern geht es auch hier um Alltagsflucht – hinweg in die weinselige Gegenwelt namens Wirtshaus: »Wenn wir in der Schänke sitzen,/ Ist die Welt uns schnurzegal./ Nur das Spiel kann uns erhitzen,/ alles sonst bleibt schal.« Wie bei den antiken Vorbildern vermengten auch die mittelalterlichen Sangesbrüder gern den Trunk mit der Erotik. Nicht selten ging es dabei recht handfest zur Sache, so etwa in Oswald von Wolkensteins (um 1377–1445) »Herr Wirt, uns dürstet« (vor 1408). Während der Wirt die Weinkrüge kredenzt, macht sich die Gretel an den Hänsel ran: »Hänsel, willst du mit mir tanzen?/ Dann komm schon, komm schon, komm schon!/ Lüstern woll´n wir ranzen,/ Aber stolper nicht,/ Und schon mir meinen Schlitz!«

Alten Quellen zufolge muss man sich die mittelalterlichen Vorträge recht theatralisch und possenhaft vorstellen – eher Kiss als Kraftwerk. Musik und Gesang wurden von expressiver Mimik und Gestik unterstützt. Auf der Bühne, vom Ochsenkarren herunter, wurde grimassiert und gestampft, um der Menge einzuheizen. Wie heutige Showleute werden auch ihre mittelalterlichen Vorgänger mit nonkonformer Kleidung, einem exzentrischen Habitus und unkonventioneller Rede aufgetrumpft haben. Die Konkurrenz war groß, und wer etwas werden wollte, musste aus der Masse herausstechen. Gesellschaftlicher Aufstieg war Spielleuten nur möglich, wenn ihnen der Sprung in die Sesshaftigkeit gelang. Jeder Fürstenhof unterhielt festangestellte Musikanten für die verschiedenen Zeremonien. Auch das Engagement als Pauker oder Trompeter beim Militär stärkte die Reputation und füllte das Säckel. Und seltsam gekleidet war man dort ja dann auch.

FRANÇOIS VILLON

Der größte Gossen- und Kneipenpoet des Mittelalters war ein Franzose: der in Paris geborene François Villon (1431 bis nach 1463). Seine Gedichte aus dem Leben der Vaganten,

Außenseiter und Kriminellen verbinden rüde Alltagsschilderungen mit existenzieller Reflexion. Immer wieder taucht er dabei ab in die Welt des Weins und der Spelunken, so etwa in der folgenden »Ballade des guten Rates denen, die schlechten Lebenswandel führen«: »Spiel Flöte, Fiedel und Fagott,/ vollführ die allertollsten Sachen,/ gewinn in Karten, spiele Kegel/ und rauf in nächtlichen Gezänken./ Wo lässt dein Geld du in der Regel?/ Bei Mädchen und in Schenken. (...) In verräucherter Taverne/ sitz ich weinend nun beim Weine./ Fange Fliegen. Träume Sterne./ Und bin so ganz alleine.«

Die Jukebox

Livemusik in Kneipen schien Ende der 1960er ausgestorben. Die letzten Tanztees waren geschlossen, Billy Joels »Piano Man« spielte nur noch in der schnieken Hotelbar. In den letzten Jahren haben Kneipenkonzerte immerhin ein kleines Revival erlebt. Sonntags, wenn ohnehin nicht viel los ist, jammen wenig bekannte Bands gegen einen kleinen Obolus in der Gaststätte. Dieselben Combos wechseln sich auch an speziellen Eventabenden ab, wenn die Wirtsleute eines Viertels sich für einen Kneipenmarathon mit Live-Gigs zusammentun. Ähnlich beliebt sind Mitsingabende: Mit dem ausgedruckten Text in der Hand wird die Kneipe zur Kirche, gemeinsames Singen verbindet. Und daneben findet man in den Städten auch noch immer die Straßenmusiker, die mit drei oder vier Songs von Kneipe zu Kneipe ziehen und den Hut aufhalten.

Die allermeisten Wirte jedoch sind auf Musik aus der Retorte umgestiegen. Die Stimmungskapelle wurde abgelöst von zunächst analogen, später digitalen Speichermedien. Noch bis in die 1980er Jahre mussten DJs schwer schleppen, um ihre eigene Musik an den Start zu bringen. Einen Koffer voller Vinyl trägt man nicht mal locker unter dem Arm. Aber es gibt sie bis heute, die Schallplatten-Aficionados, die es sich nicht nehmen lassen, den Saphir in die Rille zu senken. Mit der Einführung der Compact Disc wurde die Sache dann leichter und platzsparender. 1989 überholte die CD die Platte erstmals bei den Absatzzahlen (in Deutschland: 56,9 gegenüber 48,3 Millionen), ein Trend, der sich trotz der Vinyl-Renaissance weiter verstärkt hat. Parallel zum Siegeszug der kleinen Scheiben wurden Verfahren zur Komprimierung digitaler Audiodaten entwickelt. Auf einen USB-Stick oder eine winzige Sim-Karte passen inzwischen Tausende MP3-Dateien. Und noch einfacher machen es den Kneipiers die verschiedenen Streamingdienste: Man wählt seine Playlist, und ab geht die Post.

Es würde zu weit führen, hier die verschiedenen Verzweigungen der Digitaltechnik zu diskutieren. Stattdessen sei das Augenmerk noch einmal auf ein fast vergessenes Möbel gerichtet, das für die vielleicht romantischste Epoche der Kneipenmusik steht: die Jukebox. In den 1930ern begann ihre Ära, zunächst als *Coin-Operated Phonograph*. Zum weltweit führenden Hersteller wurde die Wurlitzer Company, die bereits 1936 rund 45 000 Boxes vertrieb. Erst im Folgejahrzehnt setzte sich der Name »Jukebox« durch, und zur selben Zeit avancierte die Vinylplatte zum dominierenden Tonträger. Zusammen revolutionierten die beiden Neuheiten aus den USA den Kneipensound. GIs brachten sie auch nach Deutschland, wo sie den Siegeszug des Rock 'n' Roll anschoben. Das »Groschengrab«, wie man die Jukebox hierzulande auch nannte, machte es möglich, für ein paar Pfennige den neuesten Sound, die heißesten Scheiben aus aller Welt in die Tanzbar der Nachkriegszeit zu beamen. Beliebt war in den 1950ern die Kombination von Musikbox und Cocktailbar: Hier wählte man seinen nächsten Hit aus, dort orderte man einen der seinerzeit hippen Longdrinks: einen »Sonnenschein« zum Beispiel, der Eierlikör mit Bluna vereinte, oder eine »Nikolaschka«, für die man Cognac mit einer Zitronenscheibe und Kaffeepulver garnierte.

Die mechanische Eleganz, mit der der kranartige Arm in die aufgereihten Singles griff; das Knistern, mit dem die Nadel aufsetzte; der Einsatz einer Sängerin wie Mina, wenn sie ihren psychedelischen Schlager »Heißer Sand« (1962) anstimmte: Magische Momente einer vergangenen Zeit. In bundesdeutschen Kneipen zählte man 1981 noch 77 500 Jukeboxes. Heute setzen nur noch wenige nostalgische Wirtsleute auf sie. Restaurierte Exemplare können für Feiern ausgeliehen werden – von den Gästen bestaunt wie Museumsstücke.

Auf die CDs der 1980er ließen sich die Musikboxen noch umtrimmen, den Kampf gegen die MP3-Konkurrenz jedoch verloren sie. Einen elegischen Abgesang auf das ausgestorbene Möbel stimmte schon 1990 Peter Handke mit seinem *Versuch über die Jukebox* an: »Die Box spielte, aber er wartete wie immer auf die von ihm selbst gedrückten Nummern; dann erst war es richtig«, schildert er das allen Jukeboxfütterern bekannte Harren. Um dann die Musik auf das Leben zu münzen: »Das – dieses Lied, dieser Klang bin jetzt ich; mit diesen Stimmen, diesen Harmonien bin ich, wie noch nie im Leben, der geworden, der ich bin.«

In einigen Evergreens leben sie weiter, die archaischen Altäre der Popmusik. Man denke an den »Juke Box Jive« der Rubettes (1974), an die »Juke Box Music« von den Kinks

(1977) oder den »Juke Box Hero« von Foreigner (1981). Im selben Jahr wurde auch die Joan-Jett-Version von »I Love Rock' n' Roll« berühmt, in deren stampfendem Refrain es heißt: »I love Rock' n' Roll/ So put another Dime in the Jukebox, Baby/ I love Rock' n' Roll/ So come an' take your Time an' dance with me.«

Guildo Horn machte daraus 1995 einen deutschen Erfolgshit: »Ich find Schlager toll«. Der lief dann aber schon nicht mehr in der Jukebox.

MECHANISCHE MUSIKMASCHINEN

Vor der elektrischen gab es die mechanische Musikbox. Mittels Kurbeln, Federn und Klangscheiben konnten verschiedene Lieder abgespielt werden, ähnlich kindlichen Spieluhren. Im Gründerzeitmuseum der Charlotte von Mahlsdorf in Berlin findet man eine hervorragende Sammlung mechanischer Musikmaschinen. Dass sie unter anderem in Wirtshäusern eingesetzt wurden, belegt ein Zitat aus Joseph Roths (1894–1939) Roman Das falsche Gewicht. *Geschrieben 1937, spiegelt er die Zeit der alten K.-u.-k.-Monarchie und spielt wohl gegen Ende des 19. Jahrhunderts. Der Zigeuner und Maronihändler Sameschkin, Liebhaber der schönen Wirtin Euphemia, kann die Stille in der Schänke nicht mehr ertragen. Also geht er zum »Spielkasten ans Büfett, um einen Dreier hineinzuwerfen. Der Spielkasten begann sofort, den Rákóczimarsch mit großartigem Blechgetöse auszuspeien.«*

Eine Hitparade

Die Liste der Trinklieder ist endlos. Auch die Zahl der Songs, in denen neben der reinen Zecherei explizit Kneipen erwähnt werden, ist groß. Eine Auswahl zu treffen, fällt schwer. Dennoch sei hier der – völlig subjektive – Versuch unternommen, ein paar der berühmtesten, schönsten und/oder ulkigsten Titel zusammenzustellen (sofern sie nicht schon andernorts in diesem Buch erwähnt wurden).

The Wild Rover (um 1830)

Möglicherweise zunächst ein Abstinenzlerlied, mutierte dieser Song über die Jahre zum Gegenteil. Das irische Traditional erzählt die Geschichte des verlorenen Sohnes, der nach langer Herumtreiberei zurück nach Hause findet. Vor allem der Refrain lädt zum Mitsingen und -klatschen ein.

Lieblingsvers: I went to an Alehouse I used to frequent,/ and I told the Landlady me Money was spent./ I asked her for Credit, she answered me »Nay,/ such Custom as yours I can have any day.«

Alabama-Song (1925)

Bertolt Brechts Lied ist auch bekannt unter dem Titel »Whisky Bar«. Die erste berühmte Version sang Lotte Lenya für die Brecht-Weill-Oper *Aufstieg und Fall der Stadt Mahagonny* (1930). Die zweite stammt von den Doors (1967), gesungen von Jim Morrison.

Lieblingsvers: For if we don't find the next Whisky Bar/ I tell you we must die!

In München steht ein Hofbräuhaus (1935)

Der bayrische Gassenhauer wurde von einem Berliner komponiert: Wilhelm »Wiga« Gabriel (1897–1964). Einmal durfte er ihn sogar im berühmten Münchner Hofbräuhaus selbst dirigieren – und bekam obendrein einen riesigen Bierkrug geschenkt.

Lieblingsvers: Oans, zwoa, g´suffa.

Little Old Winedrinker Me (1966)

Der Song wurde 1967 durch die Versionen von Robert Mitchum und kurz darauf Dean Martin berühmt. Er erzählt die Geschichte eines sentimentalen Kaschemmengastes, der seiner Verflossenen hinterhertrinkt.

Lieblingsvers: I´m praying for Rain in California,/ So the Grapes can grow and they can make more Wine./ And I´m sitting in a Honky in Chicago,/ With a broken Heart and a Woman on my Mind.

Honky Tonk Women (1969)

Honky Tonks nannte man die Spelunken, die nach der Prohibition im amerikanischen Süden entstanden. Mick Jagger und Keith Richards schrieben das Lied während der Jahreswende 1968/69, die sie in Brasilien verbrachten. Auch hier trägt jemand schwer am Verlust seiner Freundin, so schwer, dass die ihn begehrende »Honky Tonk Woman« ihn schultern muss.

Lieblingsvers: I met a gin-soaked Barroom Queen in Memphis,/ She tried to take me upstairs for a Ride./ She had to heave me right across her Shoulder,/ Cause I just can´t seem to drink you off my mind.

Alles klar auf der Andrea Doria (1973)

Das ›Onkel Pö‹ war Anfang der 1970er eine Hamburger Szenekneipe, in der der junge Udo Lindenberg verkehrte. »Ich hab einfach diese Crazy-Szene in diesem wunderbaren Laden beschrieben«, sagt der Mann mit dem Hut über seinen am Dixieland-Sound orientierten Hit. Die Andrea Doria, ein italienisches Passagierschiff, sank 1953 nach einer Kollision.

Lieblingsvers: Gottfried heißt der Knabe da hinten am Klavier,/ Und für jede Nummer Ragtime kriegt er'n Korn und'n Bier.

Die kleine Kneipe (1976)

Der Peter-Alexander-Hit basiert auf dem niederländischen »Het kleine café aan de haven« von Vader Abraham. Wohl dank der eingängigen Melodie im Walzertakt wurde das Lied an die 200 Mal gecovert. Es romantisiert die heile (Kneipen-)Welt einer guten alten Zeit.

Lieblingsvers: Du wirfst eine Mark in den Münzautomaten,/ Schaust anderen beim Kartenspiel zu,/ Und stehst mit dem Pils in der Hand an der Theke,/ Und bist gleich mit jedem per Du.

En d'r Weetschaff op d'r Eck (1977)

In diesem erstaunlich rockigen Song thematisierte die Kölner Mundartband Bläck Fööss die eheliche Problemwelt und die regelmäßige Flucht des Gatten »en mi klei Versteck – en de Weetschaff op d'r Eck«. Galgenhumor und Verzweiflung halten sich die Waage.

Lieblingsvers: Un Ovends setze mir vör d'r Kess/ weil Ovends immer Fernsehtime es/ Se sät: »Hück kütt d'r Rudi Carell!«/ Ich sach: »Ich lur dat Fußballspell!

Nur hier in der Kneipe fühl' ich mich frei (1981)

Das Lied von Marius Müller-Westernhagen wurde erstmals im Rahmen einer *Tatort*-Folge veröffentlicht: »Grenzgänger« war der zweite Fall für den legendären Horst Schimanski, gespielt von Götz George. Der Song erzählt so charmant von der Alltagsflucht eines Nichtsnutzes, dass man sofort Durst bekommt.

Lieblingsvers: Der Erich, der kann jede Menge vertragen/ Ich trinke nur Bier wegen mei'm Magen.

Schickeria (1981)

Der Rock' n' Roll-Song der Spider Murphy Gang mokiert sich über eine Schwabinger Schicki-Micki-Kneipe, in die man »Leit wie di un mi« erst gar nicht hineinlässt. Drinnen werden Schampus, Dope und Koks konsumiert, draußen steht der »Gorilla« und sondiert die Gäste.

Lieblingsvers: Schick-schick, Schick-schick, Schickeria/ Schick-schick, Schick-schick, Schickeria.

Leben in der Bar (1992)

Die Lassie Singers waren eine Berliner Indie-Band, in der Frauen den Ton angaben. Stilistisch lassen sie sich mit der »Hamburger Schule« um Rocko Schamoni und Knarf Rellöm assoziieren: verspielte Songs, sprachlich experimentell, originell.

Lieblingsvers: Leben in der Bar/ Schlafen kann ich, wenn ich tot bin/ Verliebt bin ich sowieso/ Ich sag »Mikrokosmos Ha-allo«/ Ja ja yippie yippie yeah/ ein Stuhl, ein Glas, ein Geld/ Das Pony steht vor der Tür/ Ich hab alle Zeit der Welt.

SPIEL, SPORT UND SPANNUNG

Die traditionellen Kartenspiele sind in die Jahre gekommen. Skat, Schaf- und Doppelkopfrunden sieht man in Kneipen nicht mehr so häufig wie noch in den 1970ern. In seiner Hochphase sprach man vom Skat als dem »Deutschen Spiel«. Es wurde um 1810 in Altenburg erfunden und wird fast ausschließlich von Deutschen betrieben. Stößt man im Internet auf ausländische Skatclubs, wurden sie garantiert von deutschen Auswanderern gegründet. Bis in die Nachkriegszeit wuchs keine Generation (männlicher) Jugendlicher heran, ohne das »Skatkloppen« gelernt zu haben. Das Spiel war mehr als populär, geradezu ein Nationalheiligtum. Die Soldaten des Kaiserreichs zogen mit einem Skatblatt im Tornister in den Krieg, die Alliierten des Zweiten Weltkriegs warfen Schmähkarten mit Hitler-Karikaturen über Deutschland ab. Für die versehrten Überlebenden kam schon 1942 ein »Kartenhalter für Einarmige« auf den Markt – seinen Arm hatte man für Deutschland verloren, aber das Deutsche Spiel konnte weitergehen.

Seinen Gegnern galt der Skat als männerlastiges Laster und wurde mit Tabaksqualm, Alkohol und rustikalen Wirtshaustischen assoziiert. Die entsprechenden Bilder zeigen rotgesichtige Biedermänner, den Humpen in der Rechten, die Karten in der Linken und immer einem markigen Spruch parat. Bis heute existiert eine Skat-Bundesliga. Aber wie seine älteren Brüder Tarock und Schafkopf bekam auch der Skat im Laufe der 1980er-Jahre ernsthafte Konkurrenz. Computerspiele wie »Pacman« (1980) oder »Donkey Kong« (1981) revolutionierten den Unterhaltungsmarkt und damit auch das Kneipenentertainment. Waren die ersten Konsolen noch groß wie Vitrinen, reicht inzwischen ein Smartphone als Spielgerät.

Kottabos und Kurlemurlebuff

Auch die Kickertische und Flipperautomaten sind weniger geworden in den letzten Jahrzehnten. Hin und wieder schwappt eine Retrowelle in die Szenekneipen, dann macht es wieder Klack-klack-klack und das »Freispiel« leuchtet auf – beziehungsweise bei zu körperbetontem Einsatz das »Tilt«-Zeichen. Dank der internationalen Fernsehvermarktung vermehrten sich zuletzt die Dartscheiben, auch Tischtennisvarianten wie Rundlauf oder Beer-Pong blühen auf. Viele Kneipen- und Trinkspiele sind demgegenüber völlig ausgestorben, manche durchaus zurecht. Bei den römischen Symposien war ein seltsamer Wettkampf namens »Kottabos« beliebt. Dabei wurde die Neige des Glases durch Schleudern in eine mittig im Saal stationierte Schale katapultiert. Die entsprechenden Räume des Adels sanken zur Mitte hin ab, sodass die Schweinerei sich in Grenzen hielt. Noch schneller betrunken wurde man beim *ad numerum bibere*. Einzige Regel: so viele Becher zu leeren, wie der Name des zu Feiernden Buchstaben enthielt.

In den einfachen Tavernen hingegen bevorzugte man Würfelspiele – diverse Wandbilder in Pompeji zeugen davon. Würfelfunde wiederum belegen, dass Zinker es auch damals schon mit allen Tricks versuchten. Die gewünschten Zahlen erreichte man etwa, indem man die entsprechenden Ecken stärker abrundete als andere. Eine weitere Methode bestand darin, die der gewünschten gegenüberliegende Seite heimlich zu beschweren. Ein natürlicher Asteinwuchs mit seiner höheren Dichte war dabei sehr willkommen.

Dass Kneipenspiele häufig nur den fadenscheinigen Lendenschurz für gesteigerte Trunksucht bilden, bestätigen auch mittelalterliche Quellen. Im deutschen und niederländischen 15. Jahrhundert pflegte man das »Passglastrinken«: Ein mit um das Glas laufenden, leicht erhabenen Ringen (»Pässen«) versehenes Glas musste von Pass zu Pass leergetrunken werden. Wem es misslang, den »Eichstrich« zu treffen, der hatte bis zum nächsten Pass weiterzuschlörken. Der Ungeschickteste zahlte letztendlich die Zeche und war als Erster blau. Das Spiel erinnert ein wenig an das bis heute bekannte Stiefeltrinken. Dabei wird reihum aus stiefelförmigen Gläsern (die zumeist 2 Liter fassen) getrunken. Der Vorletzte muss die Rechnung begleichen. Der besondere Moment entsteht jeweils im Fußbereich des Glases, wo sich ein Unterdruck bildet. Wer an jener Stelle nicht achtgibt, dem schwappt der ganze Rest ins Gesicht.

Als Ortsfremder staunt man über die zahllosen lokalen Varianten der Trinkspiele. Der Engländer Fynes Moryson (1566-1630) beobachtete deutsche Zecher anno 1591 bei einem Ritus, den sie »Krönung des Kaisers« nannten. Angeblich nahmen sie dafür »drei Gläser auf einmal, setzen jedes auf einen Finger und trinken sie zu gleicher Zeit aus.« Die Regeln erschließen sich heute ebenso wenig wie die des »Kurlemurlebuff«, dem ebenfalls Moryson beiwohnte. In stetem Wechsel griffen die Teilnehmer an ihr Glas, fassten sich an den Bart, klopften auf den Tisch, pfiffen und schnippten mit den Fingern. Letztendlich verstand der Mann von der Insel nur so viel: Wer einen Fehler beging, hatte den nächsten Krug zu ordern.

Vom Trink- zum Saufspiel

Der Übergang vom Trink- zum Saufspiel ist fließend. Es gibt Leute, die fangen eine Fliege unterm umgedrehten Aschenbecher und wetten darauf, welchen »Ausgang«, also welche Ablagerille das Tier nehmen wird. Andere stülpen die Zellophanhülle einer Zigarettenpackung über ein Glas, legen einen Cent darauf und brennen reihum Löcher, bis die Münze hinabfällt. Wem selbst das zu lange dauert, der geht über zu Spielen wie dem Bubenziehen – jeder aufgedeckte Junge (französische Karten) beziehungsweise Unter (deutsches Blatt) verlangt nach einer neuen Bestellung. Aber wer erstmal so weit ist, sollte vielleicht besser bezahlen.

So mancher Zecher verspielte in der Schänke Haus und Hof und richtete sich auch körperlich zugrunde. Um die Sucht einzudämmen, versuchte es die Obrigkeit mit Dekreten. Vielerorts war das Spielen nach Anzünden des Lichts verboten – mit der Hitze des Gefechts stieg auch die Feuergefahr. Andere Statuten untersagten das Spielen an bestimmten Wochentagen und während der Gottesdienste oder legten fest, dass nicht um Geld, sondern nur um die Zeche gezockt werden dürfe. Nachlässigen Wirten drohten Strafen bis hin zum Konzessionsentzug. Noch drastischer versuchte es König Ludwig IX. von Frankreich (1214–1270). Mit seiner »Großen Ordonnanz zur Wiederherstellung der moralischen Ordnung« von 1254 untersagte er gleich jegliches Glücksspiel. Würfel durften fortan nicht einmal mehr hergestellt werden. Aber Papier war damals schon geduldig, kaum jemand scherte sich um Ludwigs Gebell.

Das »Turnier der vollen Brüder«

Einen besonders derben Trinkwettbewerb schildert Meistersänger Hans Sachs (1494–1576) in seinem Gedicht vom »Turnier der vollen Brüder«. Da sinkt im Laufe des wüsten Gefechts der eine darnieder, der nächste »mit Farzen macht ein Gstänk« und der übernächste »pfercht in die Hosen«. Am Ende »glotzten all wie die Geißböck« und »So rittens ab vom Turnierplan./ Des andern Tags jeder gewann/ zwo faule Händ und ein bösen Kopf,/ ein leeren Beutel, ein vollen Kropf.«

Bierlachs statt Bankrott

Die simpelste Form eines spielerischen Umgangs beim gemeinsamen Kneipenaufenthalt ist das Rundentrinken. Man steht zusammen, man leert sein Glas zusammen. Reihum die jeweils neue Lage zu ordern, fördert die Gemeinschaft. Echter Zusammenhalt auch jenseits der Kneipe entsteht durch Thekenmannschaften, die sich seit den 1970ern in Bunten Ligen organisieren. Ebenfalls der Bindung an die Wirtschaft dienen die Sparkästchen (auch Sparschränke, Gemeinschaftssparschrank oder Sparvereinskasten genannt). Weil der Schlitz eines jeden Sparers regelmäßig zu füllen ist, muss die Stammkneipe ebenso kontinuierlich besucht werden. Am Ende des Jahres dann wird das Geld für gewöhnlich in eine große Feier investiert.

Wer wie der französische König Ludwig IX. Kneipenspiele generell verdammt, verkennt ihre soziale Funktion.

Um materiellen Gewinn geht es nur in den seltensten Fällen. Seinem Kneipenkumpel höhere Geldbeträge abzuknöpfen, vertrüge sich auf Dauer nicht mit den ungeschriebenen Wirtshausgesetzen. Bestes Beispiel für die Abfederung von Verlusten ist der Bierlachs: Statt Geld über den Tisch zu schieben, zahlt man die nächste Runde. Dem Unterlegenen droht nicht der Bankrott, sondern höchstens die Frotzelei seiner Freunde. Natürlich verliert niemand gern. Aber das gemeinsame Anstoßen verleiht dem Vorgang eine höhere Weihe: Die Niederlage wird kompensiert durch das freundschaftliche Ritual.

Ohnehin nivellieren sich Gewinn und Verlust mit dem Anstieg des Glücksfaktors. Beim Skat setzt sich auf lange Sicht der Bessere durch. Bei den meisten Würfelspielen jedoch halten sich Sieg und Niederlage die Waage. Ein paar Runden lang mag man sich als von Fortuna auserkoren fühlen. Aber das dicke Ende kommt so sicher wie das Amen in der Kirche – am Ende hat jeder Mitspieler die ungefähr gleiche Anzahl Striche auf dem Deckel. Genau das richtige Ergebnis, um das Spielchen am nächsten Kneipenabend fortzusetzen ...

VON ZECHPRELLERN, STROLCHEN, DIEBEN UND MÖRDERN

Es liegt in der Natur der Sache: Wo Menschen zusammenkommen, da gibt es hin und wieder Ärger. Das gilt erst recht für Wirtshäuser. »König Alkohol errichtet eine Mauer zwischen den eigensten Wünschen und der angelernten Moral«, schrieb Jack London einst. Und der musste es wissen, verbrachte er doch einen nicht geringen Teil seines Lebens in Spelunken. Was er meint, liegt auf der Hand: Selbst die eigentlich Gutmütigen können im Eifer des Rausches mal aus ihrer Haut fahren und auf den Putz hauen. Alkohol benebelt die Sinne, Alkohol macht mutig und ein bisschen blöd. Die Folge ist Selbstüberschätzung. Im Zustand der tumben Euphorie tendiert das Ego zu Reaktionen, die es im nüchternen Alltag vermeiden würde. Worte werden ausgespuckt, die besser heruntergeschluckt worden wären; Fäuste und Gläser fliegen, manchmal wird sogar ein Messer gewetzt. Im besten Fall beruhigt sich die Atmosphäre wieder. Jemand spendiert eine Runde, man stößt versöhnlich miteinander an. Im schlimmsten Fall fließt Blut.

Prellende Zecher

Die mildeste Form kriminellen Kneipenwesens ist die Zechprellerei. Auf dem Land hat sie kaum eine Chance. Wo die Anzahl der Gäste überschaubar bleibt und der Wirt jeden mit Spitznamen kennt, prellt niemand die Zeche. Zumindest nicht erfolgreich. In der Stadt jedoch ist der Kneipenbetrieb anonymer. Neben den Stammgästen kommen auch Unbekannte im Wirtshaus zusammen – Touristen, Geschäftsleute, Herumtreiber aller Art. Und zwischen hundert weißen Schafen sitzt immer auch ein schwarzes. In den »Fröschen« des Aristophanes (geschrieben um 400 vor Christus) wird Weingott Dionysos der Zechprellerei bezichtigt (die in Wahrheit sein Götterkollege Herkules beging). »Da ist er, der verfluchte Schuft«, schreit die aufgebrachte Wirtin, die ihn wiederzuerkennen glaubt. »Verdammter Fresser, am liebsten nähme ich einen Stein und schlüge dir die Backenzähne ein, mit denen du meine Vorräte zerschrotet hast.«

Einem Gott kann man nicht an den Kragen, die Wirtin bleibt auf ihrer unbezahlten Rechnung sitzen. Im richtigen Leben jedoch war Zechprellerei zu keiner Zeit ein Kavaliersdelikt. Im Nürnberg des ausgehenden 14. Jahrhunderts etwa wurde der überführte Betrüger für acht Tage aus der Stadt verbannt und hatte neben der Zeche noch fünf Schilling Strafe zu bezahlen. Unsere Gegenwart behandelt den Tatbestand sehr unterschiedlich. Nachvollziehbar, denn Zechpreller ist ja nicht gleich Zechpreller. Der echte Betrüger entert das Wirtshaus mit dem Vorsatz der Prellerei. Dem Gelegenheitszechpreller kommt erst im Suff die Idee, mal etwas Verbotenes zu tun und ein paar Euro zu sparen. Und der Versehenszechpreller ist ein Gast, der guten Gewissens ins Lokal tritt, um bei der Abrechnung festzustellen, dass er sein Geld vergessen hat. In Deutschland ist Zechprellerei kein eigener Tatbestand und muss jeweils als Einzelfall nach Zivil- oder Strafrecht behandelt werden.

Nur wenn die betrügerische Absicht bewiesen ist, kann es in Deutschland zu einer Verurteilung kommen. In Österreich und der Schweiz hingegen muss auch der Versehenszechpreller mit einer Strafe rechnen. Dort sorgt man für eine klare Rechtslage, macht es sich jedoch zugleich ein wenig einfach: Kann jemand nicht bezahlen, was er konsumiert hat, wird von einer Betrugsabsicht ausgegangen. Bei den Eidgenossen drohen in schweren Fällen bis zu drei Jahre Haft. Frankreich wiederum belässt es bei maximal sechs Monaten, setzt aber die begleitende Geldstrafe mit 7500 sehr hoch an. Kleiner Clou am Rande: Zechprellerei heißt im Französischen *grivèlerie*. Der Begriff geht auf *la grive* = die Drossel zurück, weil diese Singvögel gern Weintrauben stehlen und damit auf Kosten der Rebenbauern zechen. Handelt es sich also beim Zechpreller um eine Schnapsdrossel, schließt sich der Kreis.

LEERES SÄCKEL, VOLLER DECKEL

In seiner allerletzten Bildergeschichte von 1884 thematisierte Wilhelm Busch das tragische Scheitern eines Zeichners, der gern ein anerkannter Maler wäre. Wie es sich für einen großen Freund von Tabak und Alkohol gehört, verortet er Kuno Klecksels Elend in der Kneipe. So leer sein Säckel, so voll sein Deckel: »Da eines Abends sagt ganz plötzlich,/ Grad als der Kuno recht ergötzlich,/ Dies sonst so nette Frauenzimmer:/ »Jetzt zahlen, oder Bier gibt's nimmer!«/ Ach! Reines Glück genießt doch nie,/ Wer zahlen soll und weiß nicht wie!«

Betrügerische Wirte

In Honoré de Balzacs (1799–1850) Geschichte *Die drei Zechpreller* machen sich die titelgebenden Strolche daran, einen stadtbekannten Wirt aus Tours übers Ohr zu hauen. Sie geben sich als vermögende Kaufleute aus, ordern nur vom Besten und jagen den Hausherrn treppauf, treppab wie eine Dienstmagd. Weil sich angeblich alle um die Rechnung reißen, schlagen sie ein Spielchen vor: Jeder erzählt eine Geschichte, und der Urheber der miesesten Geschichte muss die gesamte Zeche zahlen. Es folgen derbe Schilderungen, es geht um Sex, Drogen und Aftersausen. Schließlich ist auch der Wirt selbst an der Reihe. Er wird über die Maßen gelobt und schließlich gebeten, sein Eheweib zu präsentieren, von dem er so stolz erzählt hatte. Als er jedoch die Stiegen zum Privatgemach erklimmt, machen sich die Taugenichtse aus dem Staub. Lautlos wie Schatten entweichen sie, »und überließen es dem Wirt, sich die Zeche von seiner Frau in Fürzlein bezahlen zu lassen.«

Obwohl man sich diese drei Herren nicht als Tischgenossen wünscht, kommt beim Lesen Schadenfreude auf. Denn hier hat es durchaus den Richtigen erwischt. Der Wirt »Zu den drei Barben«, so Balzac in seiner Einleitung, »war ein Kerl, der es faustdick hinter den Ohren hatte. Während er mit seinen Gästen herumpokulierte und kräftige Späße verzapfte, berechnete er womöglich, ob er ihnen nicht die Aussicht und gute Luft auf die Rechnung schreiben könnte.«

Balzacs Wirt erinnert an jenen Schenk, der Till Eulenspiegel aufforderte, für den betörenden Duft des Bratens zu bezahlen. Die Parade des Schelms bestand darin, den Geruch mit dem Klang seiner Münzen zu begleichen. Die Unterstellung, dass Wirte ihre Gäste übervorteilen, ist so alt wie die Gastronomie selbst. In Babylonien galten »Spaßmacher,

Mattenflechter, Klagepriester und Wirte« als die am wenigsten geachteten Berufe. In der römischen Literatur gehört die Witzfigur des schmierigen Wirts zum festen Ensemble: Flöhe im Stroh, gepanschter Wein, gefälschte Eichmaße und überzogene Rechnungen – alles traute man diesem Berufsstand zu.

Gemäß der Schildgerechtigkeit hatte der mittelalterliche Wirt in seinem Gasthaus für Sauberkeit, Sicherheit und Ordnung zu sorgen. Zweifel waren jedoch in vielen Fällen angebracht. Wer seinem Gastgeber misstraute, wappnete sich bereits vor Reiseantritt. Vornehme Herren führten ihr eigenes Klappbett mit sich, verweigerten sich dem üblichen Gemeinschaftsschlafraum und verlangten nach frischem Stroh als Matratze. Frühe Reiseführer enthielten Anleitungen für zerlegbare Betten sowie für die Identifizierung von vergifteten Speisen und Getränken. Es gab Zwingen zu kaufen, mit denen sich Türen und Fensterläden von innen verschließen ließen. Außerdem, so die Reiseberater, sei es kein Fehler, den Wirtsleuten wie den anderen Gästen zeitig die mitgeführten Waffen zu zeigen – ganz beiläufig, versteht sich.

Der schlechte Ruf der Wirte beruht auf uralten (Vor-)Urteilen, die sich seit Jahrtausenden halten. Dröge und Krämer-Badoni zitieren die *Bremer Nachrichten* vom 14. Februar 1875, wo es heißt, die vielen neuen Schänken seien als »großes und schreiendes Übel« zu betrachten. Und warum kam es auf die Welt? »Weil das Gewerbe des Schenkwirths so äußerst leicht zu erlernen ist. Es setzt weder besondere Kenntnisse noch größere Geldmittel voraus.« Ein Raum, ein paar Tische und Stühle reichten, die »ganze Kunst des Unternehmers« bestehe im Anlocken der Gäste. Solch einen Job, so das erbitterte Fazit, »traut sich leicht ein Jeder zu.«

Was hier durchscheint, ist jene altbekannte Redensart: »Wer nichts wird, wird Wirt.« Im ersten Moment scheint sie lediglich auf die fehlende Ausbildung anzuspielen. Aber sie schmäht zugleich die moralischen Qualitäten des Kneipiers: Diese Typen taugen nichts, der ganze Stand ist eine Schand'. Um dem Schindluder einen Riegel vorzuschieben, erließ jedwede Obrigkeit Schankordnungen. Schon die Maßprüfer des Mittelalters wurden vom Magistrat vereidigt und kontrollierten ohne Voranmeldung. Ungeeichte Krüge schlug man von Amts wegen kurzerhand zu Scherben. Und auch der Wirt konnte Schaden nehmen. Im Wien des 14. Jahrhunderts kam ein schummelnder Kneipier dreimal mit einer Geldstrafe davon. Beim vierten Streich hingegen sollte dem Mann, der »vor dem vazz sitzet« der Daumen abgeschlagen werden, während man seinen Wein zu Boden rinnen ließ.

Späterhin wurden die Methoden zwar humaner, blieben jedoch skurril. Sehr häufig liest man in historischen Quellen vom »Bierkieser«. Der prüfte die Güte des Suds, indem er ihn auf die Bank schüttete und sich daraufsetzte. Im märkischen Bernau, einer bekannten Bierstadt des Mittelalters, waren die Kieser dazu angehalten, volle drei Stunden so auszuharren. Klebte die Lederhose danach an der Bank fest, ja, zog sie diese gar beim Aufstehen mit in die Höhe – dann handelte es sich um gutes Bier!

EINE GEBORENE MITROPA

Umgekehrt hatten auch die Wirtsleute Grund, ihren Gästen auf die Finger zu schauen. Gebeutelte Betreiber einer antikrömischen Caupona banden ihre Löffel am Tresen fest. So weit wollte man in der DDR nicht gehen. »Meine Mutter ist eine geborene Mitropa«, hieß es dort stattdessen. Hintergrund: Die Mitteleuropäische Schlafwagen- und Speisewagen-Aktien-Gesellschaft (Mitropa) betrieb neben der Zuggastronomie auch die Bahnhofsgast- und Autobahnraststätten des Landes. Dort konnte man mitgehen lassen, was in den Läden zuweilen Mangelware war: Handtücher und Bademäntel, Besteck, Gläser und andere Haushaltsutensilien.

In den meisten Ländern der Welt wird jeder Drink sofort bezahlt. In England beispielsweise begleicht man sein Pint mit dem Erhalt. Wer einmal in London, Manchester oder Liverpool einen langen Pub-Abend verbracht hat, kennt das Phänomen der schweren Hose. Die zumeist krummen Preise führen zu vermehrtem Kleingeld in der Tasche. Im Eifer des Kneipengefechts, im Dunkel des Pubs und mit steigender Alkohollaune wird man zu faul, jedes Mal aufs Neue nach passenden Pennys zu suchen. Und so reicht man eben immer wieder den nächsten Schein über die Theke und sammelt Kleingeld wie ein Automatenknacker.

In vielen deutschen Gaststätten herrschen demgegenüber sehr liberale, beinahe leichtsinnige Sitten. Die Rede ist vom »Deckel machen«, einem Phänomen zwischen Gottvertrauen, Menschenliebe und Fahrlässigkeit. Die Menge des Getrunkenen wird durch Bleistiftstriche auf einem Bierfilz festgehalten. Erst am Ende des Abends folgt dann die Begleichung durch den Gast. Der Deckel dient dabei sowohl als Rechnung als auch als Urkunde. Nicht selten wird so ein »rund getrunkener« Filz fotografiert oder gar als Trophäe mit nach Hause genommen. Dass man am folgenden Morgen manchmal nicht mehr ganz so stolz darauf schaut, ist eine andere Geschichte ...

Anschreiben lassen konnte man schon im alten Mesopotamien. Paragraf 111 des *Codex Hammurabi* bestimmt: »Ein Bierweib, das 60 Sila (1 Sila = ½ Liter) gewöhnliches Bier auf Kredit gegeben hat, soll bei der Ernte 50 Sila Korn wiederbekommen.« Damals wie heute bot das Verfahren einen gewissen Sprengstoff für das Verhältnis zwischen Hausherr und Gast. Damit Letzterer wusste, worauf er sich einließ, bestimmte der bayrische Herzog Ludwig der Strenge (1229–1294) bereits 1250, dass auf jedem Fass der Bierpreis zu stehen habe. Damit niemand Haus und Hof versoff, war der Kreditrahmen begrenzt: Während der einfache Bauer lediglich zwei Gulden Schulden machen durfte, waren dem Bürgersmann fünf erlaubt. Und für den bayrischen Geistlichen war sogar erst bei der doppelten Summe Schluss mit lustig.

Was heute der Bleistift auf dem Deckel erledigt, markierte früher ein Stück Kreide auf der Wirtshaustafel. Aber Achtung: Manchmal war die Kreide gezinkt, produzierte also Doppelstriche!

Quien á la tabernera cree, en su casa lo ve, lautet ein spanisches Sprichwort. Frei übersetzt bedeutet das: Wer der Wirtin vertraut, wird zuhause schon sehen, was er davon hat. Sicherlich hat sich ein jeder Kneipengast schon einmal ertappt bei der Frage, ob das wirklich stimmen kann, was da auf dem Deckel steht. Ich soll wirklich acht Bier getrunken haben? Waren das nicht fünf? Und eins hat mir doch der Sowieso ausgegeben! Kann gar nicht sein, der Kerl hat die Striche doch garantiert mit der Gabel gemacht!

Dieses Buch ist kein Ratgeber, aber ein Tipp sei erlaubt: In solchen Momenten hält man sich besser zurück. Natürlich kann man einmal Recht haben, und der Wirt hat sich vertan oder sogar absichtlich betrogen. Aber in den allermeisten Fällen führt ein ungesunder Cocktail aus Alkohol und Geiz die Regie. Um also unseren tapferen Zapfenden, die tagtäglich ihren Mann und ihre Frau stehen, auch einmal eine Lanze zu brechen: Das Pendant des betrügerischen Wirts ist der Zechnörgler. Gegenüber dem Zechpreller kostet er den Kneipier weniger Geld, aber dafür umso mehr Nerven. Dies bedenke, wer beim nächsten Mal die Striche doppelt sieht.

ETWAS AUF DEM KERBHOLZ HABEN

Die Redewendung steht für ein Verfahren, das gegenüber der Kreide oder den Deckelstrichen eindeutiger war. Sollte eine Schuld notiert werden, spaltete man ein Stück Holz, legte die Stücke parallel auf den Tisch und zog mittels Säge, Feile oder Beitel Kerben durch das Holz. Auf diese Art erhielten Wirt und Schuldner identische Rechnungen. Am Zahltag konnten dann die Kerbhölzer verglichen werden. So war es weder dem Wirt möglich, heimlich Kerben hinzuzufügen, noch dem Gast, seine Zeche zu verringern. Ausgesprochen fair, sollte man meinen. Dass die Redewendung »Etwas auf dem Kerbholz haben« dennoch einen negativen Beigeschmack bekam, dürfte schlicht damit zu tun haben, dass niemand gerne Schulden hat.

Sperrstunde und Hausaus

Wirtshausschlägereien sind vor allem ein Klischee des Westerns. Die Wirklichkeit sieht anders aus. Dröge und Krämer-Badoni berichten von einer britischen Studie, gemäß der es in Gaststätten nur alle 5000 Stunden zu echter, handgreiflicher Randale kommt. Aber es gibt natürlich solche und solche Kneipen. Im Dorfkrug von Hintertupfingen geht es im Allgemeinen friedlicher zu als in der Bahnhofsschänke der Großstadt. Je mehr Alkohol im Spiel ist, desto größer die Gefahr der Eskalation. Die effektivste Methode, das Randalerisiko einzudämmen, ist die Einführung einer Sperrstunde.

Asellinas antike Bordellbar hatte vermutlich keine feste Schließzeit. Öllampen deuten darauf hin, dass auch Nachtverkehr möglich war. Wer kam, wurde bedient, aber auch Pompejaner werden nachts für gewöhnlich geschlafen haben. Deutsche Versuche, das nächtliche Zechen einzudämmen, scheinen mit dem 14. Jahrhundert begonnen zu haben. Belegt ist, dass die Stadt München 1310 eine Polizeistunde einführte. Auf ihre Nichteinhaltung standen Geldstrafen. Ziel war zum einen, die Feuergefahr für die damals noch hölzernen Häuserzeilen zu mindern. Zum anderen jedoch sollte der »Ansammlung von Gesindel« und der damit verbundenen Störung der öffentlichen Ordnung ein Riegel vorgeschoben werden.

Andere Kommunen zogen bald nach. Mit dem Schlag der »Glockenstunde« hatten ab dem Jahr 1330 alle Berliner Schänken zu schließen. Darüber hinaus war es den Gästen verboten, auf dem Heimweg in den Straßen zu singen oder tanzen, »es sei Mann oder Frau«. Der Bier- oder Weinglocke entsprach das von Herzog Sigmund IV. von Österreich-Tirol (1427–1496) erlassene »Hausaus« von 1470 – das Verbot des Weinausschanks »nach der weinglogken«.

Wann den Trinkern die Glocke schlug, war von Ort zu Ort unterschiedlich geregelt. Oft war schon zur Abendbrotzeit Schicht in der Schänke. Im Allgemeinen jedoch scheint 21 Uhr eine verbreitete Marge gewesen zu sein. Dass Lübecks

Kneipen bis 22.30 Uhr geöffnet blieben, galt im 15. Jahrhundert als liberal.

DAS PIERGLÖKGLEIN

Das Bayrisch von 1310 klang anders als das heutige. Dementsprechend schwer ist die Verordnung zur Bierglocke im Wortlaut zu verstehen: »Swelich schenck oder leitgeb nach dem pierglökglein in seinem hause den trichaern zu trinchen geit, der geit dem rihter 36 dn, civitati tantum. Oder swer nach dem pierglökglein in seinem haus lat spielen, der geit diu selben puezze. Und swaz denne verspilt wirt oder mit spil floren wirt, daz sol nieman geben. Und ob ez gegeben wirt, so soll man ez doch gelazzen und widergeben.«

Beim Zapfenstreich, heute Synonym für die Sperrstunde, handelte es sich möglicherweise zunächst um einen »Zapfenstrich«. Amtsdiener sollen des Abends durch die Gasthäuser patrouilliert sein und Kreidestriche über den Zapfhahn gezogen haben. Ein weiteres Drehen des Hahns hätte den Strich zerstört und den Wirt überführt. Aber die Sache klingt unglaubwürdig. Zum einen hätte der Wirt die Markierung mit eigener Kreide erneuern können. Zum anderen setzt die Maßnahme voraus, dass der Beamte die Kneipe spätestens vor dem nächsten Öffnen noch einmal aufsucht – ein aufwändiges Verfahren. Wahrscheinlicher ist deshalb eine zweite Herleitung des Zapfenstreiches: Ein städtischer Büttel beziehungsweise der Wirt selbst schlugen zur Sperrstunde symbolisch mit einem Säbel oder Stock auf den Hahn. Sie versetzten ihm also einen »Streich«, um ihn für heute außer

Gefecht zu setzen. Kontrolliert wurde die Einhaltung unter diesen Voraussetzungen nur punktuell – genau wie heutzutage.

Wenn in Berlin anno 1577 ein Trommler den Zapfenstreich verkündete, geht dies schon in die militärische Richtung, die das Wort bald einschlug. Der Zapfenstreich galt mit der beginnenden Neuzeit für die soldatischen Landsknechte. Das erste Zeugnis für einen abendlichen »Zapfenschlag« stammt aus dem Jahr 1596 – danach hatte in den Kasernen Ruhe zu herrschen. Neben der gastronomischen hat sich auch die militärische Bedeutung bis heute erhalten. Und der militärmusikalische »Große Zapfenstreich« mutierte gar zum pompösesten Zeremoniell der Bundeswehr.

Andersherum beeinflusste die musikalische Ausgestaltung des militärischen Zapfenstreichs auch wieder die Gastronomie. In vielen Gaststätten ist die Ausrufung der letzten Runde verbunden mit einem ganz bestimmten Schlusssong. Defätisten sprechen eher vom Rausschmeißerlied, aber der Ausdruck ignoriert die damit verbundenen Gefühle. Zwar wird man herauskomplimentiert, aber eben doch auf eine heimelige, immergleiche Art. Schließlich kennt der Stammgast früher oder später jede Silbe der finalen Hymne und leert sein letztes Glas mit dem Schlussakkord. Das »Letzte Lied« ist ein melancholischer Abgesang auf einen wie auch immer gearteten Abend. Wer mit, sagen wir mal, dem Song of Joy von Miguel Rios in die Nacht geht, der schläft mit einem Lächeln ein.

Mit der Industrialisierung kam auch Bewegung in die Regelungen zur Sperrstunde. Der grassierende Alkoholismus lähmte den explodierenden Kapitalismus. Die Fabrikanten wollten tatkräftige Arbeiter in ihren Werken sehen statt verkaterter Wracks. Also musste der Alkoholkonsum der Proletarier im Dienste der Wirtschaft verringert werden. Frühe Sperrstunden wurden ergänzt durch weitere Verordnungen zur Eindämmung spätabendlicher Gelage. Hier bestrafte man nächtliches Singen, dort das Übernachten auf einer Parkbank. Besondere Maßnahmen richteten sich gegen den Vertrieb und Konsum von Schnaps. Auch linke Politiker und Arbeitervertreter standen hochprozentigen Alkoholika kritisch gegenüber. Denn mit Schnapsleichen war die »Expropriation der Expropriateure«, die marxistische Enteignung der Produktionsmittelbesitzer, nicht zu erzwingen.

Besonders erbittert tobte der Kampf um die Sperrstunde in Großbritannien. In viktorianischer Zeit (also grob: im 18. Jahrhundert) durften englische Alehouses noch zwanzig Stunden am Tag geöffnet bleiben. Dementsprechend entsetzt reagierten die Pubfreunde auf einen Gesetzentwurf der regierenden Liberalen von 1907. Regionale Volksentscheide sollten auf die Abschaffung aller Kneipen hinauslaufen. Das Vorhaben muss im Rahmen der erstarkten Prohibitionsbewegung gesehen werden. Aber dieses Mal hatten die Abstinenzler den Bogen überspannt. Eine halbe Million Menschen versammelte sich am 27. September 1908 im Londoner Hydepark, um gegen den Gesetzentwurf zu protestieren – mit Erfolg!

Stattdessen nahm die Politik dann den Ersten Weltkrieg zum Anlass, die Öffnungszeiten drastisch zu reduzieren. Mit Verweis auf die Wichtigkeit der Rüstungsarbeiter wurde in Großbritannien 1915 eine verbindliche Sperrstunde eingeführt. Pubs durften fortan nur zwischen 11 und 16 sowie 19 und 23 Uhr geöffnet haben. Punkt 22.45 Uhr hatte der Wirt die Glocke zur letzten Runde zu läuten. Die legendäre *Last Order* führte noch bis zur Wiederabschaffung der Sperrstunde im Jahr 2005 zu grotesken »Hamsterbestellungen«

der Gäste. Da saßen dann Menschen vor gleich zwei oder drei prall gefüllten Pints, die alle noch binnen kürzester Zeit geleert werden wollten. *Binge drinking* zum Zapfenstreich, und das war noch nicht alles. Denn die gute Sitte verlangte nach der Last Order ja noch nach dem Wegebier: *One for the Road ...*

In Irland nahm man es zeitweise noch ein wenig genauer mit den Ruhezeiten. Erst die nach dem Zweiten Weltkrieg vermehrt auftretenden Touristen weichten die strikten Grenzen ein wenig auf. In seinem *Irischen Tagebuch* von 1957 berichtet der Schriftsteller Heinrich Böll von Wirten, die ihre Uhren mit dem Schraubenzieher zum Stillstand brachten, und von Spielzeuguhren, deren hölzerne Zeiger festgenagelt waren. Die Zeit wurde eingefroren auf halb Elf am Abend, die Polizeistunde, »und Ströme dunklen Bieres fließen den ganzen Sommer hindurch, Tag und Nacht, während die Polizisten den Schlaf der Gerechten schlafen.«

Bis 1999 hatten die irischen Pubs auch eine eigene Sonntagsregel. Geöffnet werden durfte erst um 12 (nach der Messe), und um 14 Uhr war schon wieder für zwei Stunden Sense. Allerdings galt eine Ausnahme, die auf die ganz alten Traditionen des Gastgewerbes zurückging: Auswärtigen und Reisenden durften Drink und Imbiss nicht verwehrt werden. Zu welch kuriosen Situationen diese Regelung führen konnte, schildert wiederum Böll: Schloss des Sonntags der örtliche Pub, schwangen sich die bierdurstigen Dörfler aufs Fahrrad und machten sich auf den Weg über den Hügel in den nächstgelegenen Ort. Unterwegs trafen sie ihre Nachbarn. Man grüßte sich, tauschte ein paar Worte übers Wetter aus (im Zweifelsfall war es nass) und wünschte sich Lebewohl. Dann ließ man den Drahtesel rollen – hinunter zur Tränke.

Das lustigste Stück Literatur zur Sperrstunde schrieb der irische Kauz Flann O'Brien (1911–1966). Sein Einakter *Durst* spielt in einer Dorfschänke, wo neben dem Wirt noch zwei späte Trinker den Tresen bevölkern. Die Sperrstunde ist längst eingeläutet, als die örtliche Gendarmerie an die Tür klopft. Die Thekenhocker erschrecken zunächst, verfallen jedoch dann auf eine so pfiffige wie perfide Methode, um den gestrengen Sergeant aus der Reserve zu locken: Sie beginnen, von der Hitze der Wüste zu erzählen, die sie im Krieg kennengelernt hätten. Die Zunge sei am Gaumen festgeklebt in jener bitteren Zeit, die Gummisohlen der Stiefel seien geschmolzen im heißen Wüstensand. Und dann dieser »Durst, mein Gott, der Durst!«, wie der Wirt Mr Coulahan ausruft.

Der Dorfpolizist hat den Trinkern zunächst den Rücken zugekehrt. Er stellt ein paar Fragen und macht sich Notizen. Aber mit jedem Bier oder Whisky, den der Wirt kredenzt, stellt er auch dem Sergeant ein Glas auf den Tresen. Als Coulahans Erzählung den Höhepunkt erreicht, ist es schließlich soweit: Der Polizist dreht sich abrupt herum, leert sein erstes Bier und formuliert dann einen wunderschönen Schlusssatz: »Würde es den Herren etwas ausmachen, wenn ich The Rose of Tralee anstimme?«

EVERTON – WIEN 3:1

Eine ungewöhnliche Maßnahme ergriff der Bürgermeister von Rotterdam, als dort im Mai 1985 das Endspiel im Europapokal der Pokalsieger anstand. Die Stadt erwartete über 20 000 englische Schlachtenbummler, mithin eine Invasion sauf- und rauflustiger Hooligans. Im Dienst von Sicherheit und Ordnung beschloss Abraham »Bram« Peper die Aufhe-

bung der Sperrstunde, die normalerweise um 2 Uhr nachts schlug. Angesichts der massiven Herausforderung sollten sämtliche Gaststätten die ganze Nacht über geöffnet bleiben, um den Fans Versammlungsorte zu bieten: »Es ist besser, wenn die Leute in den Kneipen sitzen. Da kann man sie besser kontrollieren als auf der Straße«, sagte der kluge Bürgermeister.

Das Match zwischen dem FC Everton und Rapid Wien endete mit 3:1. Die Nacht in Rotterdam blieb friedlich.

Bis in die 1980er-Jahre hinein war die Sperrstunde in vielen Bundesländern eine Frage des Geldes. Bis 1 Uhr offen zu halten, war kein Problem. Drei-Uhr-Konzessionen waren kaum zu bekommen und teuer, und sie lohnten sich normalerweise nur für größere Lokale und am Wochenende. Fünf-Uhr-Konzessionen wiederum waren noch schwerer zu erlangen. Und noch kostspieliger, versteht sich. 2010 änderte sich das entscheidend. Seither sind die Kneipen in den meisten Ländern nur noch dazu verpflichtet, zwischen 5 und 6 Uhr morgens für eine »Putzstunde« zu schließen. In Brandenburg, Niedersachsen, Mecklenburg-Vorpommern, Schleswig-Holstein und Thüringen hingegen darf der Zapfhahn sogar 24 Stunden in Betrieb sein. Strengere Regeln gelten lediglich in Baden-Württemberg und Bremen, wo nachts für mehrere Stunden zu schließen ist. Zwischen Werk- und Wochenendtagen wird inzwischen nur noch in Bremen, Hamburg und Rheinland-Pfalz unterschieden: Lediglich samstags und sonntags sind die Sperrstunden dort aufgehoben. Ähnlich föderalistisch geht man in Österreich mit dem Thema um. Die Ruhezeiten hängen auch dort von der Entscheidung der Länder ab sowie von der Art des Lokals: Für Cafés, Restaurants, Bars und Diskotheken gelten jeweils andere Schließzeiten, die sich zumeist zwischen 4 und 6 Uhr in der Früh einpendeln.

Mord und Totschlag

Das Wirtshaus als Räuberhöhle: zu allen Zeiten ein beliebter Topos. Heutzutage verstecken sich Verbrecher am effektivsten im »Dschungel« der Großstadt. Früher hingegen war es der dichte, düstere Wald, der ihnen als Refugium diente. Und wenn es sie doch einmal in die Zivilisation zog, dann in eine abgelegene Spelunke, ein Loch, das niemand freiwillig aufsuchte. Nicht selten waren sie dort mit den Wirtsleuten im Bunde oder führten die Kneipe gleich selbst.

Eine Renaissance erlebte die Verbindung von Gasthof und Ganove in der bundesdeutschen Nachkriegszeit. Die Welle der Heimatfilme spülte neben zahllosen Wilderern auch eine ganze Serie rund um das *Wirtshaus im Spessart* in die Kinos. Die Verfilmung der Novelle von Wilhelm Hauff (1802–1827) erschien 1958 und wurde ein Straßenfeger. Liselotte Pulver spielt die Comtesse Franziska, die es nach einer Kutschenpanne in das besagte Wirtshaus verschlägt. Bald darauf tauchen die Räuber auf, um sie zu entführen. Ein Kleidertausch verhindert dies, aber weitere Verwicklungen folgen auf dem Fuß. Schlussendlich geht nicht nur alles gut aus, sondern auch noch standesgemäß: Der Räuberhauptmann, in den sie sich verliebt hat, entpuppt sich als verarmter Graf. Die letzte Entführung ist eine freiwillige: Die Comtesse und der adlige Räuber fliehen in ein neues Leben.

BARTEN UND LANGMESSER

Die Pax Bavaria von 1256 verbot das Waffentragen in Gasthäusern. Eine entsprechende Züricher Verordnung schrieb vor, dass die Gäste ihre Waffen beim Eintritt abzugeben hatten. Aus dem Jahr 1430 wiederum stammt die Thüringer Gaststätten-Verordnung Statuta thaberna, in der es hieß: »Es soll auch niemand Barten (Beile, B.I.), Langmesser, noch keinerlei andere Mordwehre nicht tragen in Straßen, noch in Tabernen.«

Wer seine Internet-Suchmaschine mit den entsprechenden Wörtern füttert, stößt auf Headlines wie diese: »Tod in Braunschweiger Kneipe: Polizei nimmt Verdächtigen fest« (*Neue Presse*); »Wismar – Tod in Kneipe: langwierige Ermittlung erwartet« (*Ostsee-Zeitung*); »Messerangriff in Kneipe: Mann ringt mit dem Tod« (*Breaking News Saarland*); »Tödlicher Streit in Alsdorf: Mann stirbt vor Kneipe« (*Aachener Zeitung*); »Tod nach Streit in Löhner Kneipe« (*Neue Westfälische*). Und so weiter.

Die Liaison Dangereuse von Kneipe und Tod ist so alt wie das Wirtshaus selbst. Ihren Niederschlag fand sie auch in Kunst und Religion. Berühmt wurden etwa Hans Holbeins (um 1497–1543) Zeichnungen zum Thema »Totentanz«, die ab den 1530er-Jahren erschienen. Der Maler verknüpft die erbauliche Sterbebegleitung mit drastischen Mahnungen. Immer wieder liefern dabei Wirtshausszenen das Anschauungsmaterial. Haltlose Trinker fallen zu Boden, raufen und übergeben sich, während hinter ihnen der Sensenmann lauert. Dem einen Verdammten legt er den knochigen Arm um die Schulter, den nächsten fordert er zum Totentanz, dem dritten reicht er den gefüllten Becher.

Einerseits erstaunt es, dass ein Ort, der so eindeutig für Lebendigkeit steht, stets auch mit dem Ableben in Verbindung gebracht wurde. Offenbar jedoch besteht zwischen Tod und Tresen eine geheime, unheimliche Symbiose. Schon die Kneipe der babylonischen Biergöttin Ninkasi lag auf der Grenze zwischen Dies- und Jenseits. Und Hans Holbein wird seine Zeichnungen mit dem Wissen um den »Nobiskrug« angefertigt haben. In spätmittelalterlicher Vorstellung war dieses Gasthaus das Vorzimmer der Hölle. Dort zechen die (Un-)Toten, und es zapft Mephistopheles persönlich. Zeitgenössische Bilder präsentieren das Tor zum »Nobiskrug« als aufgerissenes Monstermaul. Einmal eingetreten, gibt es kein Entkommen – der »Nobiskrug« ist das »Hotel California« der Pichelbrüder und -schwestern. Während man im herkömmlichen Fegefeuer geröstet wird, geht es in diesem luziferischen Lokal vor allem feucht zu. Leer werden die Gläser dort nie, denn der Teufel schenkt unaufhörlich nach. Hier säuft man sich zu Tode, oder besser: in den Tod.

Betrachtet man die Sache allerdings genau, entdeckt man Ungereimtheiten. Denn worum geht es im »Nobiskrug«? Ist der Aufenthalt dort wirklich eine Strafe, oder kommt er nicht vielmehr einer Belohnung gleich? Der Becher, der immer voll ist – das ist doch das Paradies, von dem ein jeder Schluckspecht träumt! Fehlen nur noch die Trauben und die gebratenen Hühnchen, die ihm in den Mund fliegen. Aber nicht jedes Rätsel muss gelöst werden. Solche Geschichten kommen in die Welt, um eine diffuse Angst vor dem vermeintlich gottlosen Treiben in der Schänke zu schüren. Wer es genauer wissen will: Vor allem im Norden Deutschlands findet man noch einige Kneipen, die tatsächlich so heißen: Nobiskrug. Man muss nur den Mut haben einzutreten ...

Vermutlich war bei Traktaten wie dem *Totentanz* oder der Mär vom Nobiskrug stets auch eine gewisse Bigotterie mit im Spiel: Je weniger Bürgertum und Klerus das Kneipenleben kannten, desto lasterhafter erschien es ihnen. Das Wirtshaus entzog sich – weitgehend – ihrer Kontrolle, deshalb musste es ihnen Angst machen. Und sicherlich waren auch die Biedermänner und Bürgersleute aller Zeiten nie ganz frei von der Faszination des (vermeintlich) Bösen.

So sind denn wohl auch religiöse Schauergeschichten wie die *Legende vom Pökelfass* zu erklären, in der ausgerechnet der heilige Nikolaus von Myra (circa 280–350) die Hauptrolle spielt. Manch einer mag die seltsame Darstellung bereits einmal gesehen haben: der segnende Hirte vor einem Trog, in dem drei Knaben sitzen. Sie waren Opfer eines teuflischen Wirts geworden, der sie tötete, zerstückelte und schließlich pökelte. Dann jedoch erschien der liebe Nikolaus und erweckte sie wieder zum Leben.

Wie das Märchen von Hänsel und Gretel erinnert diese Geschichte daran, dass Vorsicht geboten ist bei der Wahl des Gastwirts. Aber auch daran, dass das Wirtshaus ein unheiliger Ort sein kann. Dass der Mann von Myra auf der Basis dieser Legende zum Patron der Metzger mutierte, kann man makaber finden. Aber lustig ist es auch.

Sokrates (469–399 vor Christus) war angeblich überaus stolz darauf, nie in seinem Leben eine Taverne betreten zu haben. Nach seiner Verurteilung jedoch starb er durch einen Cocktail, wie man ihn in keinem Nobiskrug teuflischer mixen konnte: Sein Giftbecher war mit pulverisiertem Geflecktem Schierling angereichert. Das hochtoxische Kraut sorgt für eine Lähmung des Körpers von den Füßen aufwärts.

Der Trinkende erstickt bei vollem Bewusstsein. »Oh Kriton, wir sind dem Asklepios einen Hahn schuldig. Entrichtet ihm den, und versäumt es ja nicht«, sollen Sokrates´ letzte Worte gewesen sein. Ein Mann mit Haltung.

Der Philosoph wusste, was man ihm darreichte, und er trank ohne Protest. Anderswo war man argwöhnischer. »Traue nur denen, mit denen du zum Biere gesessen und angestoßen hast«, rät ein altes Sprichwort. Aber es konnte eben gerade der Krug vor der Nase sein, in dem das Verderben lauerte. Eine Möglichkeit, dies herauszufinden, bestand darin, mit dem Wirt zünftig anzustoßen. Auf diese Art schwappte ein gewisses Quantum vom einen in den anderen Krug. Weigerte sich der Gastgeber daraufhin zu trinken, wusste man, woran man war.

Dass die Angst vor dem Gift im Glas begründet war, erwies sich 1800 im niederbayrischen Pfarrkirchen. In seinem Kompendium *Bier. Was die Welt im Innersten zusammenhält* berichtet Jacob Blume von einer tragischen Epidemie, in deren Verlauf 13 Menschen starben. Alle hatten auf dem örtlichen Schützenfest verdorbenes Bier getrunken. Und weil »der Brauknecht selbst unter den Toten war, konnte man die Zutaten und ihre Lieferanten nicht mehr eruieren.« Ganz offensichtlich lag diesem Fall keine mörderische Absicht zugrunde. Eher dürften hygienische Defizite zu der Katastrophe geführt haben. Aber womöglich hat sich der unglückliche Brauer an einen Tipp gehalten, der 1792, nur acht Jahre zuvor in der *Neuen Bunzlauschen Monatsschrift* veröffentlicht worden war: »Eines Gehangenen Finger im Bierfass aufgehängt schafft dem Bier guten Abgang.« Und dies gelte erst recht, wenn der Delinquent unschuldig war.

DIE MEUCHELNDE WIRTIN

Der Goldene Esel *des Lucius Apuleius (124–180) gilt als einer der ersten Romane der Literaturhistorie. Gleich zu Beginn erzählt er von einer mörderischen Wirtin namens Meroe. Die Geschichte ist nichts für schulische Lateinbücher. Eher könnte sie dem Drehbuch eines Splatterfilms entstammen. Kurz zusammengefasst: Ein Kaufmann ist überfallen worden und findet Unterschlupf bei einer mitleidigen Wirtin. Des Nachts jedoch zerrt sie ihn in ihr Bett und beweist ihre Hexenkräfte. Als der Kaufmann fliehen will, wird Meroe zur Furie. Sie schneidet dem abgefallenen Liebhaber die Kehle durch, greift tief in seinen offenen Hals und reißt ihm das Herz heraus. Das Blut sprudelt, der Mann röchelt noch eine Weile, bis ihm die Wirtin einen Schwamm in die Wunde stopft. Hernach stellt sie sich breitbeinig über seinen angststarren Begleiter (dem sie übrigens den Mord in die Schuhe schieben wird) und uriniert auf ihn herab.*

Von den einen verteufelt, von den anderen angehimmelt: Das Wirtshaus steht für emotionale Extreme. Hier wird die Taufe begossen, aber auch der Toten gedacht. Kaum ein Friedhof, der nicht mit einer Gaststätte kooperiert. Denn dort im »Sälchen« werden die Trauerfeiern nach der Beerdigung abgehalten. Der Leichenschmaus dient der Trauerbewältigung, dem Totengedenken und schließlich der Wiederhinwendung zum Leben. Weinen und Lachen wechseln sich ab – oder sind kaum zu unterscheiden. Die Gefühle der Trauergäste fahren Achterbahn, eingebremst durch das ein oder andere Glas Bier und Schnaps. Ein schmerzlinderndes Ritual.

Entlohnt werden neben den Wirten auch die Bestatter. In einem sumerischen Text des dritten vorchristlichen Jahrtausends heißt es über die Kosten einer Beerdigung: »Wenn ein Toter ins Grab gelegt wurde, nahm der Priester sieben Krüge Bier als sein Getränk, 420 Brote und 120 Sila Korn als seine Speise, ein Kleid, ein Böckchen und ein Bett für sich.« Aber nicht nur die Hinterbliebenen trinken. Weit verbreitet war der Glaube, dass Alkohol auch nach dem Tod noch glücklich machen könne. Seien es ägyptische Pharaonen, chinesische Schamanen oder die Anführer der Wikinger: Sie alle erhielten gefüllte Krüge als Grabbeigabe. Auf diese Art wird die Gruft quasi zur Kellerbar, in der die Toten fröhlich weiterzechen. Nichts anderes war auch den germanischen Helden verheißen: Nach ihrem Ableben durften sie sich auf das ewige Gelage in Walhalla freuen.

Den Tod in der Kneipe thematisierte auch der geheimnisvolle Archipoeta, im 12. Jahrhundert Hofpoet des Kölner Erzbischofs Rainald von Dassel. Die »Vagantenbeichte« des »Erzpoeten« ging in die Literaturgeschichte ein. Darin gesteht der Dichter freimütig, ohne Wein keinen einzigen guten Vers zustande zu bringen. Das Poem gilt zugleich als berühmtestes der bereits erwähnten mittelalterlichen Textsammlung *Carmina Burana*, die in der Tonfassung von Carl Orff (1895–1982) immer wieder neu eingespielt wird. Seine Liebe zu Wein, Weib und Gesang machte auch vor dem Tod nicht halt, im Gegenteil: »Mein Begehr und Willen ist/ In der Kneipe sterben,/ Wo mir Wein die Lippen netzt,/ Bis sie sich entfärben!/ Aller Englein Jubelchor/ Wird dann für mich werben:/ ′Lass den wackern Zechkumpan,/ Herr, dein Reich ererben!′«

Wer so zu Lebzeiten betet, der hat auch keine Angst vorm Nobiskrug.

DIE STAMMKNEIPE, DER STAMMGAST UND SEIN STAMMTISCH

Die schönste Sentenz zum Thema hat Joachim Ringelnatz (1883–1934) verfasst. In seinem Gedicht »Stammtisch Individueller« von 1929 heißt es: »Wir sitzen gediegen und ausgewählt/ Beisammen und spielen gemütlich./ Wenn einer ernst, lustig, vom Norden erzählt,/ Lacht jeder etwas. Und denkt südlich.«

Die Verse bündeln in kurzer, sprachlich reizvoller Form die sich zum Teil widersprechenden Phänomene des Modells »Stammkneipe«. Auf der einen Seite vermitteln sie die Wärme, das Gefühl dazuzugehören. Als Stammgast glaubt man, Teil einer verschworenen Gemeinschaft zu sein. Man teilt seine Sorgen und Freuden, man teilt Geheimnisse und Rituale, die die vier Wände der Kneipe vermeintlich nie verlassen. Man teilt, kurz gesagt, ein »Wir«. Aber genau diese plurale Einheit ist zugleich eine Illusion. Man denke nur an das Wort »Stammgast« selbst, formuliert dieses Kompositum doch einen Widerspruch in sich. Denn entweder gehört man zum Stamm, oder man ist Gast. Beides zugleich funktioniert – sprachlogisch betrachtet – nicht.

Der Gipfel der Männlichkeit

Die Stammkneipe muss nicht an der nächsten Ecke liegen. Räumliche Nähe spielt eine untergeordnete Rolle, vielmehr geht es darum, sich mit einem Lokal verbunden zu fühlen. Und dies wiederum bedeutet: Man hat dort Zeit verbracht, man hat dort Bekanntschaften gemacht und so manches erlebt – die eigene Lebensgeschichte weitergeschrieben. Gern wird von der Stammkneipe als einem »zweiten Wohnzimmer« gesprochen. Der Vergleich hinkt in vielerlei Hinsicht, denn eigentlich ist zuhause alles anders: das Sozialverhalten, die Gesprächsführung, die Ernährung, Kleidung und so weiter. Aber ein paar Analogien fallen doch auf. Hier wie da geht es um Konstanz, mithin um das Gefühl der Sicherheit oder, noch weitgehender: der Geborgenheit. Sowohl der ethnische als auch der botanische Stamm steht für einen familiären, soliden Zusammenhalt. Wer assoziiert ist, kommt in den Genuss einer – irgendwie – funktionierenden Einheit. Gehe ich in ein fremdes Lokal, riskiere ich Überraschungen. Entere ich meine Stammkneipe, weiß ich, was mich erwartet.

Der Alltag da draußen: hektisch, unübersichtlich, furchtbar! Auf der Straße brummt der Kopf ob der zahllosen Eindrücke. Die Auslagen der Schaufenster, hupende Autofahrer, drängelnde Fußgänger – der übliche Wahnsinn. Aber kaum öffne ich die Kneipentür, legt sich ein Grinsen auf mein Gesicht. An der Theke sitzen dieselben Nasen wie immer. Mit der Begrüßung beginnt das freundschaftliche Frotzeln, und dann steht auch schon das erste Bier vor mir. Unter diesen Voraussetzungen entspricht der Thekenhocker dann tatsächlich dem heimischen Sofa – da fühlt man sich wohl.

Keine Frage: Das Konzept Stammkneipe ist ein grundsätzlich konservatives. Es lebt von der Freude am Immergleichen. Stammgast ist, wer regelmäßig auftaucht. In Dorf- und Viertelskneipen kann damit »täglich« gemeint sein. Zumeist jedoch geht es um zyklische Besuche. Der Stammgast wird erwartet, und wenn er zur üblichen Zeit nicht auftaucht, wird beim nächsten Mal nach dem Warum gefragt – man hat ihn vermisst, große Sache! Als Stammgast besitzt man Hintergrundwissen, über das Gelegenheitsgäste nicht verfügen. Man weiß, wie die Frikadellen schmecken, man merkt am Bierschaum, dass das Fass zur Neige geht. Man kennt den neuesten Klatsch, die einschlägigen Running Gags und Anekdoten, man bricht aufs Stichwort hin in Lachtränen aus. Und ebenso weiß man, wann die letzte Bahn nach Hause fährt und mit wem man sie am fröhlichsten verpasst.

»Stammgast« ist ein Titel, den man sich erarbeitet. Manchmal unter Schmerzen, man denke nur an die berüchtigten Haustrunke. Zumeist handelt es sich um zweifelhafte Aufgesetzte, Likörchen oder Brände. Aber wie widerwärtig auch immer das Zeug schmecken mag, der Stammgast stürzt es mit Begeisterung hinunter. Denn in der Flüssigkeit enthalten ist jener Leim, der die Kneipengemeinschaft zusammenhält.

Stufe um Stufe steigt man auf in der Hierarchie. Du magst den Laden, du gehst wieder und wieder hin. Irgendwann kommt der Tag, da kennt der Wirt, die Wirtin dich mit Vornamen. Dein bevorzugtes Getränk steht auf dem Tresen, bevor du ihn erreicht hast, ganz ohne Bestellung. Jeder der Gäste weiß, wo du am liebsten stehst oder sitzt – das ist dann dein »Stammplatz«. Hin und wieder, wenn der Schenk gut gelaunt ist, darfst du dir ein Lied wünschen. Und wenn er noch besser drauf ist, lässt er auch schon einmal nach Zapfenstreich die Rollläden herunter, schließt von innen ab und stellt die Aschenbecher auf den Tisch. Dann gehörst du dazu, als Mitglied einer geradezu kriminellen Vereinigung!

Das höchste der Gefühle jedoch, der finale Ritterschlag wartet noch auf dich. In seinem Buch über *König Alkohol* erzählt Jack London auch von seinem Leben als Seemann im

Hafen von Oakland/Kalifornien. Mit den Männern in den dortigen Bars konnte man viel Spaß haben, aber genauso schnell hatte man auch ein Fischmesser im Bauch. Des jungen Jacks Initiation lief über lockere Sprüche, Trinkspiele und Faustkämpfe. Und sie war abgeschlossen, als er in der verrufensten Spelunke des ganzen Hafens seinen ersten Deckel machen durfte. Anschreiben zu lassen, »das schien mir der Gipfel der Männlichkeit!«

DER DECKEL

In Köln kennt man ein sehr schönes Mundartlied der Bläck Fööss: »Ich han nen Deckel« von 1978. Der Song gewinnt dem Deckelmachen noch eine ganz andere, nostalgische Facette ab. Denn hier dient die fast vergessene Pappe dazu, endlich einmal wieder nach Hause zu fahren und das Heimweh zu kurieren. Im Original: Ich han nen Deckel,/ do stonn noch zehn Mark achtzig drop./ Dä litt en Kölle,/ en minger Kneip beim Stuth´se Jupp./ Nächste Mond, wenn ich Urlaub maach,/ will ich sinn, dat ich veezehn Daach fahre kann./ Et es zwar koot, doch ich han/ ne Jrund, dat ich ne neue Deckel maache kann.

Der Tresen

Wenn sie nicht rund um den Stammtisch sitzen (vorwiegend in Süddeutschland), dann versammeln sich die Stammgäste am Tresen. Das markante Möbel gehört erst seit dem 19. Jahrhundert wieder zum Kneipeninventar. In der Antike hingegen war es der wichtigste, oftmals einzige Ort des gastronomischen Geschehens.

»Durch seine Position am Eingang einer *taberna* ist der Tresen als konventionelles Merkmal eines gastronomischen Betriebes anzusehen. Mit seiner Form und seinen Maßen beeinflusst er wie kein anderes Element die Aktionen im Raum«, schreibt Anna Katharina Kieburg in ihrer Dissertation. Bei den Grabungen in Pompeji stieß man auf insgesamt 158 Tresenreste in unterschiedlichsten Erhaltungszuständen. Die längste Theke der Stadt lag vermutlich an der Via Stabiana. Dort identifizierte man 13 Kneipenräume, im Schnitt alle 17 Meter stand dort eine Theke.

Römische Tresen wurden normalerweise solide gemauert. Ihre Oberfläche bestand aus Terrakottaplatten oder Marmorbruch. Im letzteren Fall handelte es sich um Bauschutt, der kostengünstig zusammengepuzzelt wurde – durchgehende Marmorplatten wären für die meisten Wirte unerschwinglich gewesen. Die bunte Tresendecke wurde in Pompeji zuweilen ergänzt durch eine bemalte Putzfront. Beliebte Motive waren Tier-, Jagd- und Sexszenen.

Recht uniform war die geometrische Gestaltung des antiken Barbereichs. Beinahe alle Tresen wiesen eine L-Form auf (71 Prozent), wobei der kürzere Teil zumeist direkt an der Straße lag. Er erfüllte damit exakt die Funktion heutiger Verkaufstheken: Hier wurde bezahlt und die Ware präsentiert. Dies geschah mittels der in die Thekenplatte eingelassenen *dolia* – bauchige Gefäße aus gebrannter Erde.

Gesessen hat an den antiken Tresen vermutlich niemand. Kieburg präsentiert eine heutige Normierung: »Bei der Planung von modernen Bars wird für Sitzende am Tresen mindestens ein Raum von 0,45 m von der Tresenfront aus berechnet.« In den restaurierten Altstädten von Pompeji, Herkulaneum und Ostia hingegen nahmen die Theken beinahe den kompletten Türbereich ein. Sitzende hätten den Durchgangsverkehr von drinnen nach draußen verstopft. Auch weisen die antiken Tresen keinen Spielraum für die Knie auf, wie ihn in unseren Kneipen vorkragende Kanten generieren. Und schließlich: Während heutige Tresen zugunsten der Ellbogenauflage 99 bis 108 Zentimeter hoch sind, waren die in Pompeji deutlich flacher. Allem Anschein nach diente die Theke also vor allem als Arbeitsfläche für die Angestellten. Die Gäste, so müssen wir schließen, werden ihre Suppe oder ihren Schoppen im Stehen eingenommen haben und danach weitergezogen sein. Für längeres Verweilen oder gar einen ausgedehnten Kneipenabend waren die Tresen ihrer Zeit nicht gemacht.

KNEIPEN-ETYMOLOGIE

Die Theke leitet sich aus griechisch thḗkē, *lateinisch* thēca *ab und meinte ursprünglich eine Büchse oder einen Behälter. Aus dem Aufbewahrungsort für selten Gebrauchtes oder Schatzstücke wurde die Auslage für Verkaufswaren – die Theke mutierte zum Schanktisch. Die Wortwurzeln finden sich bis heute zum Beispiel in Apotheke, Bibliothek und Diskothek (= Ort für Scheiben/Schallplatten).*
Das Wort Bar steht sowohl für den gastronomischen Raum als auch für den Schanktisch. Es wanderte wohl aus dem Altfranzösischen ins Mittelenglische, wo es die Bedeutung »Schranke« annahm. Eine Bar ist demnach die Schranke zwischen Wirt und Gästen. In die gleiche Richtung weisen die »Barriere«, der »Barren« und das englische to bar somebody *– jemanden ausschließen.*

Der Tresen hat seinen etymologischen Ursprung im Tresor, einer französisch-vulgärlateinischen Umwidmung. In der Bedeutung »Schatzkammer«, »Speicher« gelangte er in den deutschen Wortschatz, wo er als »triso« seit dem 8. Jahrhundert nachgewiesen ist. Als »Tresen« wurde zunächst die Geldschublade im Schanktisch bezeichnet, bevor der Begriff dann auf die gesamte Theke überging.

Mit den Römern verschwand zunächst auch der Tresen. Weder in den mittelalterlichen Küchenkneipen noch in den Wirtshäusern jener Ära war er vonnöten. Die Menschen saßen an Tischen, die Wirtsleute teilten den Raum mit ihnen, ihren Kindern und womöglich dem Getier. Echte Thekenmöbel kamen erst mit der Industrialisierung auf. »Der Tresen hat in Deutschland nie eine so dominante Rolle gespielt wie in den angelsächsischen Ländern. Er war immer eine symbolische Form des Verkaufstisches, ansonsten hatte die Kneipe den Charakter der gutbürgerlichen Stube«, schreiben Regina und Manfred Hübner in *Der Deutsche Durst*. Und als die Bedeutung des Tresens dann wuchs in Deutschland, wuchs er auch ganz materiell – und zwar in die Höhe. Während die englische Theke bei wachsender Länge eher flach blieb, stieg die deutsche auf Ellbogenhöhe – ein gastrokultureller Unterschied, der bis heute zu beobachten ist.

Der Tresen als Schranke: Die Trennung von Heim und Beruf korrespondiert mit der von Privat- und Gewerberäumen. Mit der Kommerzialisierung der Gastronomiebetriebe entwickelte sich auch das Gegensatzpaar Käufer/Verkäufer sowie der Warencharakter der Speisen und Getränke, die »über den Ladentisch« gingen. Aber dabei blieb es nicht. Als die Theken in die Wirtshäuser wuchsen, war vermutlich niemandem klar, welche soziale Dynamik sie entfachen würden. Der Tresen wurde zu einem festen Anlaufpunkt, zum Ort, an dem man zusammenkam. Hier traf man die Wirtsleute ebenso an wie die Stammgäste, hier erledigte man das Geschäftliche und hielt seine Schwätzchen. Die »Bar-Schranke« mutierte zur Hühnerstange, die man freudig gackernd besetzte, während der Wirts-Hahn über allem thronte. Und wer möchte, darf in dieses recht wackelige Bild auch noch den Zapfhahn einbauen.

DER GÖTTLICHE ELLBOGEN

Die Höhenverhältnisse des Tresens zum Hocker und damit zum menschlichen Ellbogen als »Glas-Kran« sind wichtig für das Wohlbefinden des Gastes. Über die Bedeutung der Armbeuge schrieb Amerikas Gründervater Benjamin Franklin (1707–1790) in einem Brief an seinen Freund, den Abbé André Morellet: »Zur Bekräftigung unserer Dankbarkeit gegenüber der göttlichen Vorsehung denke nur an den Ellbogen. Tiere mit langem Hals haben auch lange Beine, damit sie ohne knien zu müssen trinken können. Und ein Mensch, geschaffen um Wein zu trinken, muss eben ein Glas an die Lippen führen können. Läge der Ellbogen der Hand näher, wäre der Unterarm zu kurz dafür. Läge er wiederum zu nahe bei der Schulter, landete das Glas fernab des Ziels. So wie Gott uns schuf jedoch ist es uns möglich, mit größter Behaglichkeit unser Glas exakt bis zum Mund zu bewegen. Lass uns also, das Glas in der Hand, diese gütige Weisheit preisen – lass sie uns preisen und darauf trinken!«

Tische hingegen stehen nicht zufällig getrennt voneinander. Wer sich dort niederlässt, sucht eine gewisse Distanz, die es ihm etwa ermöglicht, ein privates Gespräch zu führen. Sich allein an einen Kneipentisch zu setzen, ist beinahe ein Affront: Man okkupiert mehr Platz, als man braucht. Und nicht allen, die später eintreten, ist es angenehm zu fragen, ob man sich dazusetzen dürfe.

An der Theke herrschen demgegenüber Demokratie und freie Platzwahl. Da stehen oder hocken alle auf einer Linie und schauen in dieselbe Richtung: zum Wirt hin, ihrem Versorger, Kreditgeber, Obernarren und und und. An der Theke sind alle gleich, sagt man. Und im weitesten Sinne stimmt das auch. Dort sieht man nicht, ob der Nachbar goldene Schuhe trägt oder ein dickes Portemonnaie in der Hose hat. Stattdessen zählen andere Werte: Schlagfertigkeit zum Beispiel, Humor und die Fähigkeit, im richtigen Moment auch einmal zuzuhören. Mit dem Wechsel vom Tisch zum Tresen werden zudem diverse sprachliche und soziale Hebel umgelegt. Empirische Studien ergaben, wenig überraschend, dass das Thekenleben schneller, hektischer ist als das an den Tischen. Gedrängel und Vielstimmigkeit bewirken, dass die Themen hier häufiger wechseln und oberflächlicher behandelt werden. Auch mag der Umgangston am Tresen ein bisschen rauer sein. Und während man sich von Tisch zu Tisch eher siezt (»Könnten Sie mir vielleicht den Salzstreuer reichen?«), benutzen Thekennachbarn umstandslos das Du (»Gibst du mir mal einen von den Bierdeckeln?«).

Man muss kein Soziologe sein, um das gemeinschaftsbildende Potenzial des Tresens zu erkennen. Simpelstes Ritual: das Zuprosten. Erwiesenermaßen leeren Gäste innerhalb einer Gruppe ihre Gläser fast gleichzeitig. Die Pegelstände variieren lediglich um einen Zentimeter nach oben und unten. Porzellantassen hingegen sind undurchsichtig. Und mit denen stößt man auch nicht an.

Das Leben der Anderen

Der Fremde spielt eine wichtige Rolle im Konzept »Stammkneipe«. Eine wichtigere vermutlich, als die meisten Stammgäste es wahrhaben möchten. Im Grunde ist der Gelegenheitsgast konstituierend für den Stammgast. Nur in Abgrenzung zu jenem macht es überhaupt Sinn, vom »Stammgast« zu reden. Wäre man immer nur unter sich, wäre da ja niemand, der einen bewundert.

Dennoch verhält sich der Stammgast gegenüber Neuankömmlingen zuweilen recht hochnäsig. Er mag es sich nicht eingestehen, aber: Er fühlt sich den »anderen« als Alteingesessener überlegen. »Hier sitzen die, die immer hier sitzen«, liest man an vielen Wirtshauswänden. Und weil man eben »immer hier sitzt«, gehört man zu einem erlauchten Kreis. Und der Typ, der gerade reinkommt, eben nicht!

Diesen sittlich nicht ganz einwandfreien Snobismus überträgt der Stammgast auch auf neue Kellner/-innen. In deren erster Zeit nimmt er sie sozusagen bei der Hand. Er hat sich durch seine zahllosen Besuche hier einen Wissensvorsprung ertrunken, den er dem neuen Angestellten vermitteln kann – und will, denn da schwingt immer auch eine Portion Stolz mit.

»Wenn der ›Karl-Heinz‹ selber arbeitet ...

- dimmt der um 7 immer das Licht runter.
- legt er immer mal ›Weiße Rosen aus Athen‹ auf.
- kriegt man zum Abschied einen Sechsämter aufs Haus.«

Ein seltsames Phänomen tut sich auf, wenn man einem anderen Stammgast auf der Straße begegnet. In solchen Momenten erlebt man zuweilen, dass auch vermeintliche Freunde Fremde sein können. Im Hellen, der gewohnten Atmosphäre der Kneipe entrissen, stellt sich ein Gefühl der Distanz ein. Ohne das Glas in der Hand kommt man sich diesem Menschen gegenüber beinahe nackt vor. Die kumpelhafte Begrüßung wirkt steif, auch will sich kein Gespräch entwickeln. So unsinnig es ist, empfindet man die Anwesenheit des Anderen als aufdringlich, übergriffig. Was will der hier? Verfolgt die mich?

Letztendlich ist man froh, wenn die Sache vorbei ist. Und beim nächsten Bier am Tresen wird man so tun, als sei nichts passiert.

DER PIANO MAN

Die Kneipe als Ort der Gescheiterten, der unerfüllten Träume und der nostalgischen Rückschau: Niemand hat diese Stimmung so kitschfrei-sentimental eingefangen wie Billy Joel. In »Piano Man« von 1973 singt er vom alten Mann, der in seinen Gin Tonic weint und nach jenem traurig-süßen Lied sucht, das er als junger Mann so liebte. Er erzählt vom Kellner John, der so gern Schauspieler geworden wäre, vom Schriftsteller Paul, der übers Schreiben nie Zeit für eine Beziehung fand, vom ewigen Soldaten Davy, der politisierenden Kellnerin und dem betrunkenen Geschäftsmann. Sie alle teilen diesen »Drink they call Loneliness«, während der Piano Man aufspielt – »to forget about life for a while.«

Es war an einem Samstag, 9 Uhr abends, erklärt der Sänger zu Anfang. Und in der Woche darauf, um 9, werden Paul, Davy und die anderen wieder auf ihren Plätzen sitzen, trinken und träumen.

Befehlshaber und Beichtvater: der Wirt

»Er war ein dicker Mann, folglich ein friedfertiger Mann«, heißt es über einen Wirt im *Don Quixote* von Cervantes (1. Buch, 2. Kapitel). Liest man den Satz, entsteht sofort ein Bild: ein so gemütlicher wie fürsorglicher Patriarch, der vom Tresen aus seine kleine Welt regiert. Und genau so war es einst auch gemeint.

Das Wort »Wirt« ist aus dem indogermanischen Ausdruck für Wahrheit, Vertrauen, Gunst und Freundlichkeit erwachsen. Auch im Gotischen steht *waidus* noch für »Gastfreund« im Sinne von »Freund (und Helfer) eines jeden Gastes«. Sogar der Ehemann/Ernährer konnte als Wirt bezeichnet werden, eine Analogie, die wir noch heute in der Rede vom »Wirtstier« finden. Eine Wirtschaft zu haben, bedeutete im Mittelalter nicht nur, eine Gastronomie zu betreiben, sondern auch, verheiratet zu sein. Im Laufe des Spätmittelalters wanderte die Bedeutung von »Wirt« dann allmählich in Richtung »Dienstleister« und verlor so ein wenig von ihrer Wohlfühl-Konnotation.

Dennoch spielt er die eigenartigste und zugleich wichtigste Rolle im Ensemble der Stammkneipe. Allen ist klar, dass das Verhältnis zu ihm in erster Linie ein kommerzielles ist. Er lebt von dem Geld, das wir in der Kneipe lassen. Er will nicht unser Freund sein, sondern Umsatz machen. Dennoch ist der ideale Wirt, die ideale Wirtin eine Vertrauensperson.

In der Kneipe ist er der Befehlshaber, Richter und Beichtvater. Auch ohne dicke Muskeln gelingt es ihm, sogar handfeste Streitigkeiten zu schlichten und den Aggressor notfalls vor die Tür zu setzen. Er garantiert Sicherheit, sorgt für die Einhaltung der lokalen Codices und weiß immer, wer das nächste Bier bekommt. Außerdem hat er stets ein offenes Ohr für die kleinen und großen Sorgen seiner Gäste, respektive: Schäfchen. Der amerikanische Autor George Ade (1866–1944) bringt es in seinem 1931 erschienenen Buch *The Old-Time Saloon* auf den Punkt: »Praktisch jeder Barkeeper ist neben der Zapferei auch Lebensberater, Kumpel und mitfühlender Zuhörer für all jene, die vom Schicksal hin- und hergeworfen der Mitternacht entgegentrinken und bittersüße Tränen vergießen.«

Der Wirt ist immer da und kommuniziert mit jedem. Selbst der hartnäckigste Stammgast muss mal nach Hause und verpasst diese oder jene Szene. In der Person des Wirts jedoch bündeln sich sämtliche Informationen, die in der Kneipe zu bekommen sind. Deshalb weiß er mehr als alle anderen. In einem Raum, der von Unterhaltungen und Informationsvermittlung lebt, ist das ein unschätzbarer Vorsprung!

Ein guter Wirt erfüllt seine Rolle instinktiv. Der Grat zwischen Nähe und Distanz ist schmal, aber als Wirt muss man darauf sicher balancieren. Offenbart man sich einem Gast auf zu intime Art, kratzt das am Nimbus als Herbergsvater. Zu starkes Fraternisieren würde zudem den Neid der anderen erregen. Ein Wirt wiederum, der sich um die Reden seiner Gäste einen feuchten Kehricht schert, wird sein Publikum über kurz oder lang verlieren.

Wir wollen es nicht übertreiben: Ein Wirt braucht keine »Aura«. Aber er sollte stets ein wenig geheimnisvoll bleiben.

Dazu gehört etwa, dass er sich nur selten privat mit seinen Stammgästen trifft. Im Wirtshaus ist er bedeutender als alle anderen. Auf der Straße jedoch stünde er mit ihnen auf einer Stufe. Nicht umsonst ist der Bereich hinter der Theke, wo der Wirt agiert, immer ein wenig erhaben.

Stammtischparolen, -politik, -niveau

Die Rede vom »Stammtisch« ist seit Ende des 18. Jahrhunderts belegt. Der Begriff steht sowohl für das Holzmöbel als auch für die Runde, die darum sitzt. Vorzugsweise handelt es sich um einen runden Tisch, an dem alle gleich platziert sind. Und wie sich das bei den Deutschen so gehört, steht in dessen Mitte ein Stammtisch-Schild.

Während der Stammtisch den Mitgliedern als Ehrenort gilt, findet er jenseits des Wirtshauses wenig Anerkennung. Ableitungen wie »Stammtischparolen«, »Stammtischpolitik« und »Stammtischniveau« sind durchweg negativ belegt. »Die Diskussionen an Stammtischen werden oft sehr vereinfachend geführt«, schreibt die Bundeszentrale für politische Bildung auf ihrer Website. Und schon im ausgehenden 19. Jahrhundert schimpfte Reichskanzler Bismarck über die angebliche Unsitte, »beim Biere die Regierung schlechtzureden«.

Stammtischparolen gelten als platt, rechthaberisch und diskriminierend. Geht es tatsächlich über Gesetze und Anstand hinaus, sollte ein verantwortungsvoller Wirt eingreifen. Jenseits dessen jedoch gilt: Wie andere Kneipengespräche entwickeln sich auch die am Stammtisch unter Alkoholeinfluss. Nicht jeder in der Runde meint wirklich, was er sagt, aber etwas muss ja schließlich gesagt werden …! Stammtischpolitik könne »kollektiv verbindliche soziale Realität« produzieren, schreiben die Soziologen Dröge und Krämer-Badoni. Und das trifft den Nagel auf den Kopf: Hauptsache, man ist sich einig und hat einen Grund, nochmal anzustoßen und nachzubestellen.

Wer sich in Kneipen herumtreibt, kennt sie alle: das Großmaul und den Schweiger, den Aufschneider und den Jammerlappen, den Hitzkopf und den Schüchternen, den Selbstdarsteller und den Verträumten, den intellektuellen Salbaderer, den Fußballphilosophen und viele andere mehr. Sie alle betreiben, auf ihre Art, Stammtischpalaver. Man nickt sich gegenseitig zu, man nickt ab, was der andere erzählt. So ist das beim Bier, bevor es vielleicht, irgendwann, Widerborstigkeit generiert. Unter Stammgästen geht es weniger um felsenfeste Überzeugungen, schon gar nicht um schlüssig durchdachte und virtuos ausformulierte; sondern eher um ein warmes Gefühl der Gemeinsamkeit.

Man muss sich das Stammtischpalaver wohl als eine Art Orchestermusik vorstellen – vielstimmig, disharmonisch und manchmal ein bisschen zu laut.

Kümmern und Kontrollieren

Das Kneipenleben birgt unübersehbare Vorteile gegenüber dem Arbeits- und Familienalltag. Dem Betrieb, dem Partner und den Kindern gegenüber hat man Pflichten. Sie können zeitaufwendig und mit Sorgen verbunden sein. Der Stammgast neben mir ist jedoch nur ein Bekannter. Wie er mir, so schulde ich ihm nichts: kein Geld, kein Mitleid, keine Liebe. Je nach Laune kann ich in der Kneipe reden oder schweigen, spielen, fernsehen oder vor mich hin grübeln. Aber auch in der Kneipe herrschen Konventionen. Sich sozial zu vernetzen, hat hier wie im richtigen Leben zwei Komponenten: Man kümmert sich, aber man kontrolliert eben auch.

Die ungeschriebenen Gesetze verlangen, dass die Homogenität der Stammgemeinschaft innerhalb gewisser Toleranzgrenzen gewahrt bleibt. Deshalb ist der Stammgast in mancherlei Hinsicht deutlich unfreier als der Gelegenheitsgast. Irgendwann hat er eine Rolle eingenommen, aus der er nicht mehr herauskommt. Zwei Stunden später als sonst zu erscheinen, plötzlich einen feinen Anzug zu tragen oder dauernd am Handy herumzufummeln, kann Anstoß erregen. Tragisch wird es, wenn jemand sichtbar dem Alkohol verfällt. Jahrelang war er »einer von uns«, aber nun scheint er aus der Bahn zu geraten. Die Trennung von der Frau, der Tod eines nahen Verwandten, der ökonomische Ruin: Wer nach so einem Schicksalsschlag auf Hilfe an der Theke hofft, wird enttäuscht werden. Für echte, existenzielle Probleme nämlich ist die Kneipe der falsche Ort. Das würde das Konzept Stammkneipe sprengen, schließlich geht es hier doch um Freizeitgestaltung und Alltagsflucht. Wer in die Kneipe geht, lässt die Sorgen zuhause oder im Büro – so geht der Spruch doch, nicht wahr?!

Wer zu viel trinkt, wird früher oder später neben der körperlichen auch die soziale Quittung bekommen. Im Alltag wie in seiner Stammkneipe. Anfangs mag er den privaten Abstieg noch überspielen können. Aber Kneipenmenschen haben feine Sensoren, und sie reden viel. Kleinste Anzeichen wie die schlechte Rasur, das Rot in den Augen, der Fleck auf dem Hemd und irgendwann die vertauschten Socken werden registriert und beschleunigen die Degradierung innerhalb des Kneipenkosmos. Wer aus der Reihe tanzt, absichtlich oder unabsichtlich, fällt auf und irgendwann durch. Aus einmaliger Missbilligung wird dauerhafte Verachtung und schließlich Ächtung: Mit so einem will niemand zu tun haben. Dann ist es vorbei. Zeit, sich eine andere Stammkneipe zu suchen. Oder besser: einen Therapieplatz.

Die Urne im Regal

Es gibt Lokale, da haben die Stammgäste ihren ganz persönlichen Kelch im Regal stehen. Als sei das Glas das Werkzeug eines Arbeiters, die Ausrüstung eines Sportlers oder die Waffe eines Kriegers. Auch der erwähnte Stammhocker kann zum Statussymbol dafür werden, wie heimisch man hier ist. In manchen Lokalen wird altgedienten Recken sogar ein Namensschildchen an den Tresen geschraubt.

Noch enger sollten der Gast und seine Stammkneipe gemäß einer Idee des Iren Colm O´Rourke zusammenrücken. Der Pub-Eigner aus dem englischen Worcester ging Anfang 1990 mit der Idee an die Öffentlichkeit, Stammgäste direkt in der Kneipe zu beerdigen. Er erkundigte sich bei den Behörden, ob dies rechtlich möglich sei – und bekam ein »Go«. Solange die Asche frisch sei, spräche nichts dagegen, nur Exhumierungen seien in diesem Zusammenhang nicht erlaubt. »Anstatt im feuchten Grab zu liegen, das kaum jemand besucht, hält sich der Hingeschiedene im Kreise der Freunde auf und bleibt so in guter Erinnerung«, begründete O´Rourke seinen Plan. Und einer seiner Kunden schlug sofort ein: Ganz großartig sei das, »schon allein deswegen, weil meine Frau es gewohnt ist, mich hier zu finden.« Im Internet finden sich keinerlei Hinweise darauf, dass die Sache wirklich ans Laufen kam. Aber der luxemburgische Schriftsteller Guy Helminger hat O´Rourkes Schnapsidee in Verse gegossen:

McGuy

Feucht ist es allemal
Die Barhocker
mit einem Bein im
lehmigen Asphalt und Paddy
in den Gläsern weil er einer
von uns war sagt der alte
Kohnen und trinkt
auf die Urne
im
Regal

NACHWORT

Der Kellner, zwei Männer, eine Frau. Es ist Nacht, niemand redet. Die vier wirken verloren, einsam, ziellos, jedoch zugleich: ganz bei sich selbst.

Edward Hoppers Gemälde *Nighthawks* (Nachtschwärmer) gießt eine Urszene in Farbe: der Mensch als in diese Welt Geworfener, der mit seinem Schicksal klarkommen muss. Selbst wenn es ihn in eine Bar im Nirgendwo verschlägt.

Neulich war ich selbst Teil eines solchen Bildes. Eine mir fremde, farblose Kleinstadt, eine unscheinbare Kneipe abends an einem Wochentag. Der Raum war leer, nur die Theke spärlich besetzt. Die Trinker dort schwiegen, als ich mich zwischen sie setzte.

An dem feucht gewordenen Bierdeckel vor mir saugte eine Fliege. Über dem Thekenschrank hing das Bild eines Gehenkten: »Der macht auch keinen Deckel mehr«, stand darunter. Um die beinahe sakrale Atmosphäre nicht zu stören, bestellte ich mein Bier mit dem Daumen. Der Wirt nickte, glitt von seinem Hocker und schlurfte zum Zapfhahn. Okay, sagte ich mir, ein zweites nimmst du auch noch, und dann bist du durch die Tür.

Kaum jedoch stand das Glas auf meinem Deckel, begann der Mann links von mir zu sprechen. Ein schlaksiger Kerl, Mitte 30, mit den unausgegorenen Zügen eines nerdigen Schülers. Was er sagte, verstand ich nicht. Es klang so ähnlich wie »Iwelitsch djadge djadge«, und der Mann erklärt es mir sogleich: »Das ist das klingonische ›Prost‹: IwlIj jachjaj. Heißt soviel wie ›Möge dein Blut schreien!‹«

»So so«, sagte ich und warf einen kritischen Blick auf mein Bier.

Er lerne gerade Klingonisch, das sei eine faszinierende Sprache, sagte Markus. Eddy, der Wirt, grinste schief. Die Frau in der Thekennische schüttelte den Kopf. Karin ging wohl auf die 70 zu, trug eine Dauerwelle und eine geblümte Bluse. Sie hatte die Lache eines ketterauchenden Bauarbeiters, aber wenn sie trank, stand ihr kleiner Finger grazil ab.

»Der Markus hat zu wenig Nga'chuq, sagt er selbst.«

Diesmal konnte ich mir das allein übersetzen. Und weil der Klingone gerade ausgetrunken hatte, gab ich ihm ein Bier aus. Mein nächstes Glas beendete ich fast gleichzeitig mit Karin. Sie bestellte zwei neue, und der Wirt spendierte eine Runde vom Hausschnaps. Der Abend kippte ins Feuchtfröhliche. Wir erzählten uns uralte Witze, die uns maßlos komisch vorkamen. Wir sprachen über Fußball, Biersorten und das Geschlechterverhältnis, sogar über Literatur (klingonische) und Edward Hopper (kurz), aber vor allem: über Gott und die Welt. Irgendwann stellte Eddy die Stühle auf die Tische. Ihre zur Decke gestreckten Beine sahen aus wie eine Armee hölzerner Nachtwächter. Einen ertappte ich dabei, wie er grinste …

Um es kurz zu machen: Am Fuße des letzten und erst recht des allerletzten Bieres waren wir alle ziemlich »chech«. Auf dem Heimweg durch die Straßen der Kleinstadt sollen wir sogar lauthals gesungen haben.

Aber das glaube ich nicht. Würde ich nie machen, so was.

In diesem Sinne:

»Möge dein Blut schreien!«

LITERATURAUSWAHL

Ade, George: The Old-Time Saloon. The University of Chicago Press, Chicago 2016 (Original: 1931)

Blume, Jacob: Bier. Was die Welt im Innersten zusammenhält. Werkstatt, Göttingen 2000

Dröge, Franz/Krämer-Badoni, Thomas: Die Kneipe. Zur Soziologie einer Kulturform. Suhrkamp, Frankfurt a. M. 1987

Eidam, Hardy u.a.: Zu Gast. 4000 Jahre Gastgewerbe. Ausstellungskatalog, Stadtmuseum Erfurt, Erfurt 2008

Forsyth, Mark: Eine kurze Geschichte der Trunkenheit. Klett-Cotta, Stuttgart 2019

Gyr, Ueli: Kneipen als städtische Soziotope. In: Österreichische Zeitschrift für Volkskunde 1991, S. 97–116

Haas, Volkert: Babylonischer Liebesgarten. Erotik und Sexualität im alten Orient. C.H. Beck, München 1999

Hoffmann, Maurice: 5000 Jahre Bier. Verlag Hans Carl, Nürnberg 1956

Hübner, Regina und Manfred: Der Deutsche Durst. Verlag Peter Lang, Bern 1994

Hunink, Vincent: Oh Happy Place. Pompeii in 1000 Graffiti. Apeiron Editori, Rom 2014

Imgrund, Bernd: 111 Deutsche Wirtshäuser, die man kennen muss. Emons, Köln 2017

Imgrund, Bernd: Kein Bier vor Vier. Meine 100-tägige Kneipentour durch die Republik. Kiepenheuer & Witsch, Köln 2014

Imgrund, Bernd: Das Skat-Lesebuch. Von Kiebitzen, Schneidern, Jungfrauen und Luschen. Werkstatt, Göttingen 2002

Kieburg, Anna Katharina: Römische Gastronomiebetriebe in Pompeji, Herkulaneum und Ostia. Dissertation, Hamburg 2014

May, Herbert/Schilz, Andrea (Hg.): Gasthäuser. Geschichte und Kultur. Michael Imhof Verlag, Petersberg 2004

Müller, Klaus E.: Kleine Geschichte des Essens und Trinkens. Vom offenen Feuer zur Haute Cuisine. C.H. Beck, München 2003

Rauers, Friedrich: Kulturgeschichte der Gaststätte. Metzner, Berlin 1941

Schwibbe, Gudrun (Hg.): Kneipenkultur: Untersuchungen rund um die Theke. Waxmann, Münster 1998